KB060339

절망한 날엔 키에르케고르

절망한 날엔
키에르케고르

Vivre
passionnément
avec
Kierkegaard

다미앵 클레르제-귀르노 지음
이주영 옮김

자음과모음

차 례

전설의 뱀 비브르에게

현대적인 죽음에 질렸는지
붉은색 고기 생각이 다시 간절해진다.

— 리디 다타Lydie Dattas, 『번개La Foudre』

이 책은 여느 철학책과 조금 다르다. 철학은 언제나 야심만만하게도 우리가 어떤 존재인지를 이해하도록 함으로써 우리 삶을 조금 더 향상시키려고 했다. 그러나 대부분의 철학 서적은 특히 진리 문제에 관심을 기울여왔고, 이론의 토대를 닦는 데 모든 힘을 쓴 나머지 실제로 적용하는 데는 관심을 두지 않았다. 그와 달리 이 책에서는 우리 삶을 바꾸기 위해 위대한 철학에서 끌어낼 수 있는 것에 관심을 기울일 것이다. 일상의 소소한 일들, 우리가 삶을 바라보는 시선과 삶에 부여하는 의미까지 바꿀 수 있도록 말이다.

　하지만 자신의 이론을 점검하지 않고 실천 방향을 바꿀 수는 없는 법이다. 행복과 기쁨은 추구할 만한 가치가 있으며, 성찰의 노력 없이는 제대로 작동되지 않는다. 우리는 일부 자기계발 입문서가 베푸는 호의와 쉽게 제시하는 처방을 전해주지 않으려고 애쓸 것이다. 새로운 행동 방식과 삶의 방식에는 언제나 새로 생각하고 자기를 이해하는 방식 또한 포함되게 마련이다. 그리하여 우리는 이렇게 이미 우리 삶을 바꾸어주는 생각에서 가끔은 아찔한 기쁨을 발견할 것이다.

이런 이유로 독자들에게 자기 자신에 대해 질문해보라고 권하기에 앞서 몇 가지 개념에 대해 숙고하기를 당부하는 바다. 먼저 자신의 문제를 식별하고 나서 새로운 이론의 도움을 받아 그런 문제를 해석해야 한다. 그러면 결국 구체적인 행동을 통해 문제를 해결할 수 있을 것이다. 우리는 생각하고 느끼고 행동하는 방식을 바꾸고 나서야 비로소 더 넓은 삶의 범위와 삶의 의미에 대해 자문해볼 수 있을 것이다. 그래서 이 시리즈에 포함된 책은 각각 크게 네 부분으로 나뉘어 다음과 같이 진행된다.

I. 진단하기

먼저 해결해야 할 문제를 규정할 것이다. 우리는 무엇으로 고통받고 있으며 인간의 조건을 결정하는 것은 무엇인가? 우리의 방황과 이런저런 착각을 정확히 어떻게 이해할 것인가? 문제를 제대로 파악하는 것만으로도 이미 해결책을 향해 첫발을 내린은 셈이다.

II. 이해하기

그렇게 명확히 이해하는 데 철학은 어떤 새로운 것을 가져다 줄 것인가? 우리 삶을 장악하려면 어떤 점에서 우리가 이해하는 방식을 근본적으로 바꾸어야 하는가? 여기에서 소개하는 가장 혁신적인 철학 명제에 힘입어 독자들은 새로운 시선으로 자기 자신을 바라보게 될 것이다.

III. 적용하기

인간에 대한 이런 새로운 생각은 우리가 행동하고 살아가는 방식을 어떻게 바꾸는가? 이 새로운 철학을 어떻게 일상에 적용할까? 어떻게 우리 생각이 그 자체로 우리의 현재 모습을 변형시키는 행동의 양상을 바꾸는가? 여기에서 독자들은 일상에 적용할 수 있는 방법을 발견하게 될 것이다.

IV. 내다보기

끝으로 조금 더 형이상학적이고 사변적인 철학 명제를 소개할 것이다. 지금까지 독자들이 일상의 삶을 더 잘 관리할 수 있는 법을 배웠다면, 이제 자신의 존재를 더 분명하게 이해하기 위해 더 전반적인 의미를 발견해야 한다. 앞에 나온 세 장에서는 더 잘 살기 위한 방법과 수단을 가르쳐주었다면, 이제 이 마지막 부분에서 독자들은 삶의 목적, 삶의 궁극적 목적에 관한 질문에 직면하게 될 것이다. 삶의 목적은 세계와 그 안에서 내가 차지하는 위치에 대한 총체적이고 형이상학적인 전망 없이는 규정할 수 없다.

이 책은 단순히 읽는 책이 아니라 행동하는 법을 배울 수 있는 책이다. 여러분의 인생에 대한 상세한 질문이 이루어진 후 각 장마다 의견이 소개된다. 수동적으로 살지 말고 다시 소매를 걷어붙여 여러분의 경험을 생각해보고 이를 바탕으로 솔직하고 적절한 답을 찾도록 하자. 구체적인 연습을 통해 철학적인 가르침을 삶에서 실천할 수 있다. 그뿐만 아니라 자신에게 맞는 연습 방법을 찾고 진지하게 실천할 수 있는 적절한 상황을 찾도록 하자.

여행을 떠날 준비가 되었는가? 지루할 수도 있고 자극을 받을 수도 있는 여행이다. 새롭게 생각하고 사는 방식을 시도하며 불안할 수도 있다. 각오가 되어 있는가? 19세기 철학자 쇠렌 키에르케고르Søren Aabye Kierkegaard의 사상을 탐험하는 이번 여행을 통해 여러분은 자신의 깊은 내면과 마주할 수 있다. 이 책을 읽다 보면 다양한 질문과 생각과 만날 수 있다. 여기에 여러분 자신을 맡겨보며 키에르케고르의 사상으로 삶에 어떤 변화가 생길 수 있는지 탐구해보자.

I
진단하기

**절망으로
아픈
사람들?**

서구 현대사회에서 개인은 중심적인 위치를 차지한다. 일터에 서건 어디에서건 우리는 개인으로서 열심히 하는 모습과 자신이 어떤 사람인지를 보여야 하며 자신의 장단점이 무엇인지 충분히 파악하고 있어야 한다. 사회의 분위기와 맞물려 우리도 집단의 자유보다는 개인의 자유에 집착한다. 인권과 함께 개인의 권리는 우리의 '절대적인' 권리가 되었다. 그렇기에 우리는 능력이 뛰어난 개인에게 집착한다. 우리가 아이를 바라보는 시선도 마찬가지다. 아이를 고유의 권리를 가진 독립적인 개인으로 보는 최근의 시각이 그렇다. 정치·사회·문화 영역에서도, 기관에서도, 관습에서도, 각 부처의 회의실에서도, 침실이라는 개인공간에서도, 어디서나 개인은 중심축이 되었다. 모든 정신세계는 개인이라는 중심축 주변에서 만들어진다.

동시에 개인의 정체성과 관련된 문제라면 마치 따가운 직사광선처럼 강렬하게 대두된다. 만일 개인의 권리를 가로막는 걸림돌이 전부 사라지고 각자 본연의 모습으로 돌아간다고 해보자. 그다음에는 또 무엇을 기대해야 할까? 주변 사람들만 가만히 있으면 저절로 나답게 살 수 있을까? 자기답게 살 수 있는 허락만 받으면 더 이상 정체성에 대해 고민하지 않아도 될까? 아니, 개인을 강조하는 요즘 시대에 오히려 우리는 끝없이 고통에 시달리고 이것 때문에 정신상담 클리닉을 정기적으로 들락날락한다. 개인의 삶이 가득한 찬란한 시기를 맞이했는데 우리는 갑자기 환멸을 느끼며 개인의 정체성에 관한 각종 고민을 하기 시작했다. 앞으로도 상황이 심각해질 것이라고 의심하는 사람은 아무도 없었다.

단 한 사람, 쇠렌 키에르케고르만 빼고 말이다. 덴마크 출신의 철학자 키에르케고르는 소박한 사상을 추구한 기독교 신자다. 그가 살았던 시대는 역사의 폭풍을 완전히 피한 것처럼 보였다. 하지만 그는 이런 겉모습에 속지 않고 당시 시대를 비판하는 글을 써내려갔다. 키에르케고르는 요즘 시각으로 보면 진정한 전성기를 맞이해본 적이 없는 시대에 뒤떨어진 사람, 지금의 시대와는 다른 19세기 초반을 살았던 사람이다. 하지만 코펜하겐 출신의 소박한 철학자 키에르케고르가 오히려 현시대에 가장 잘 맞는 철학자라니 마치 운명의 장난 같다. 키에르케고르만큼 집요하게 개인의 편에 선 사람도, 개인주의 사회가 필연적으로 마주하게 될 위협이 무엇일지에 대해 제대로 예상한 사람도 없었다.

"자랑스럽게도 나 역시 속해 있는 세대는 신의 왕국이 되어야 한다고 믿는 척이라도 해야 할 것이다. 하지만 실제로 그렇지 않다. 이 충만한 힘, 자체 행복을 만들어내는 이 용기, 그래, 이를 만들어내는 것은 환상이다. 현재는 비극을 잃은 대신 절망을 얻었다."(『이것이냐 저것이냐』, 113쪽)

우리는 그 어느 때보다 절망에 빠져 있다. 세계보건기구WHO의 최근 보고서*에 따르면 유럽인 25퍼센트가 매년 우울증이나 불안증을 앓고 있으며, 만성질병으로 신청한 병가의 50퍼센트가 우울증이나 불안증 때문이라고 한다. 이뿐만이 아니다. 심각한 우울증 환자 가운데 50퍼센트는 치료를 받지 못하고 방치되어 있으며 그 외 나머지 종류의 우울증 환자가 치료에 사용하는

---

* 세계보건기구, 「유럽의 우울증: 현황과 통계La dépression en Europe: faits et chif-fres」, www.euro.who.int.

비용만 해도 총 1,700억 유로다. 상황이 이렇다 보니 당연히 각 개인마다 그 어느 때보다 정체성이라고 하는 무거운 부담을 짊어져야 하고 이를 위한 도움을 필요로 한다.

우리는 진정 이러한 상황을 헤쳐갈 수 있는 준비가 되어 있을까? 물론 능력 있는 의사, 존경할 만한 심리학자, 위로를 안겨주는 약을 제공하는 제약회사 들은 절망을 치유해주기 위해 부지런히 움직인다. 그런데도 상황이 여전히 심각한 것을 보니 아직 기적과도 같은 해결책은 발견되지 않은 것 같다. 현대 의학의 발달에도 절망은 근본적으로 치유되지 않았다. 그보다는 절망을 비즈니스로 이용하는 시장만 쏠쏠한 재미를 보고 있으며 그럴듯한 해결 방법을 파는 사람, 상담가, 코치, 자기 관리 전문가들만이 정체성 불안을 겪는 사람들을 이용해 호황을 누리고 있다. 이렇게 해서 얻은 소득이 무엇인가? 혹시 근본적인 관점 자체가 잘못된 것은 아닐까? 그렇기 때문에 그럴듯하게 보이는 방법이 이렇게 저렇게 나와도 결국 별다른 효과가 없는 것은 아닐까? 절망은 마음에 문제가 생겨 나오는 병이니 이를 치유해 정상적인 삶으로 복귀해야 한다는 것이 뿌리 깊게 자리 잡고 있는 관점이다. 이 관점에 문제가 있는 것은 아닐까? 이런 관점은 어디에서 나왔을까? 왜 우리는 어떤 근거로 이런 관점을 믿는 것일까?

우리는 여전히 절망을 골칫거리로 취급하며 자기방어를 하고 있다. 이렇게 되면 절망에 대해 심리적인 방어벽만 칠 뿐 절망을 다른 방식으로는 극복할 수 없다. 전해오는 이야기에 따르면, 아브데라의 시민들은 저명한 데모크리토스가 절망에 빠져 있자 요즘 시대와 똑같은 방법을 권했다고 한다. 철학자 데모크리토스가 미친 사람처럼 이유 없이 웃자 시민들은 걱정이 된 나머지 당시 최고의 의원 히포크라테스를 불렀고 데모크리토스가 미친 것 같으니 고쳐달라고 했다. 면담을 마친 히포크라테스는 데모크리토스만큼 건강한 사람은 본 적이 없다고 확신했다. 절망에 빠진 데모크리토스가 겉으로 행복해 보이는 아브데라의 시민들보다 정신이 건강한데, 시민들은 그런 데모크리토스를 환자라고 생각하고 있었다……. 우리도 관점을 바꾸어서 이런 질문을 해보자. "진정으로 절망은 '질병'으로 보아야 하는 것일까?"

자신을 학대하는 사람

너무나도 인간적인 절망이라는 감정은 예전부터 있었다. 그런데 절망은 개인주의 시대를 맞아 물 만난 고기가 되었다. 실제로 절망은 특별히 사람이 자신에 대해 느끼는 감정에 영향을 미치는 병이다. 절망을 "자아의 질병"이라고 부르는 이유다. 특히 자아를 적극적으로 내세워야 하는 요즘 같은 시대에는 절망이 더욱 활개를 치며 퍼져간다. 이 세상에 사는 사람들이 많은 것처럼, 절망에 빠지는 사람들도 그만큼 많다. 그렇다면 절망이라는 불편한 감정이 마음속에 있다는 것을 어떻게 인정해야 할까? 특히 절망에 빠졌을 때 자아를 믿을 만한 아군이 아니라 공공연한 적으로 삼을 때는 어떻게 해야 할까? 자신을 사랑하라는 말을 듣지만 절망할 때는 우리 자신이 한없이 미워진다.

절망적인 상황

사랑했던 남자에게 다른 여자가 생겨 버림받은 젊은 여자, 자식이 품에서 멀어지는 것이 안타까운 아버지, 열 번이고 극복했다고 생각한 병이 다시 찾아온 환자, 몇 개월 동안 회사를 살리기 위해 필사적이었으나 결국 파산 신고를 피할 수 없게 된 회사의 대표. 소위 절망적이라고 할 수 있는 상황을 그대로 보여주는 사례들이다. 비슷한 사례는 그 외에도 많이 있다. 이러한 사례들의 공통점은 무엇인가? 그대로 참고 있다가는 그 어떤 해결책이나 도움이 될 만한 탈출구가 없는 것 같은 상황이라는 점이다. "희망이 없어." 사랑하는 남자가 돌아올 것이라는 기대를 버린 젊은 여자의 생각이다. "희망이 없어." 매일 병마와 사투를 벌이며 지쳐간 환자의 생각이다. "희망이 없어." 앞으로는 얼굴 보기 힘들 아들을 생각하며 아버지가 혼잣말로 되뇌는 말이다.

실제로 절망적으로 볼 수 있는 상황이다. 하지만 정확히 무엇 때문에 절망스러운 것인가? 그러니까 왜 절망하는가? 버림받은 젊은 여자는 다른 여자들과 마찬가지로 실연의 슬픔은 있겠지만 굳이 실연의 슬픔을 절망으로 바꿀 필요는 없다. 떠나버린 남자를 미워하는 것으로 고통스러운 마음을 대신 다독일 수 있다. 왜 절망하는가? 여자는 변심한 연인을 미워하기보다는 도리어 자신에게 의심이라는 총을 겨눈다. '나한테 무슨 문제가 있는 것일까? 왜 그를 잡지 못했을까? 내가 바라는 것이 너무 많았나? 그런 내가 못나고 바보처럼 보였던 것일까? 새로운 여자는 나보다 어디가 더 나은 것일까?' 갑자기 여자는 사랑했던 남자를 붙잡지 못한 자신의 무능함이 문제라고 생각한다. 이와 마찬가지로 아버지도 멀어져가는 아들보다는 자신을 비난할 것이다. "내가 아비 역할을 제대로 못 한 거지! 내 잘못이야……." 한편 환자는 병 그 자체 때문이 아니라 병을 이겨내지 못한 자신의 무능함에 실망할 것이다. 정신 차리자. 얼핏 보면 우리는 실연과 같은 여러 상황 때문에 절망하는 것 같지만 사실 우리가 절망하는 것은 바로 우리 자신 때문이다.

"따라서 어떠한 상황에 절망하는 것은 진정한 절망이 아니다. 절망의 시작일 뿐이다. 의사가 병에 대한 이야기를 들려주는 것처럼 절망은 마음속에 있는 의견을 들려주는 것뿐이다. 우리 자신 때문에 절망하고 있는 것이라고……. 사랑 때문에 절망하는 젊은 여자를 보자. 연인이 죽었든 바람이 났든 연인을 잃은 젊은 여자 말이다. 여자가 절망하는 것은 연인을 잃어서가 아니라 자신 때문이다. 여자는 가장 감미로운 방식으로 자신을 해체하고 버렸다. 이제 그녀에게 자아는 적이 되었다. 다른 사람

이 아닌 바로 자기 자신이 적이 되어야 한다."(『죽음에 이르는 병』, 358~359쪽)

절망스러운 단점

피하기 힘든 절망스러운 상황 외에도 자신의 단점처럼 익숙한 것도 절망을 부추기는 원인이 된다. 외모, 부족한 점, 재능 부족, 야심이 부족한 성향 등에 절망할 수 있다. "나는 뚱뚱해" "지금의 내 모습이 싫어" "더 용감한 성격이 되었으면 좋겠어". 이처럼 우리는 자기 단점을 고치는 데 시간을 많이 들인다. 운동선수 같은 몸매를 되찾고자 다이어트를 시작한 사람도 있고, 많이 배우지 못한 한을 풀기 위해 교양을 쌓는 사람도 있고, 수줍은 성격을 고치기 위해 연극 수업을 듣는 사람도 있다.

역시 단점도 절망의 진정한 원인이 아니다. 우리가 지닌 이런저런 특징이 마음에 안 들어 섭섭한 것일 뿐이다. 이것 때문에 자신의 존재를 비판적으로 바라볼 이유는 없다. 단점이 있을 수도 있고 단점을 고치고 싶은 마음도 이해는 되지만 고작 단점 때문에 우리 자신을 상대로 전쟁을 벌일 필요는 없다. 자신의 부족한 점을 '단점'으로 낙인찍고 특정 단점에만 집중한다면 어떻게 될까? 자기 단점을 비판적으로 바라보던 시각이 자신의 존재를 부정적으로 바라보는 시각으로 급변한다. "나는 못생겼어!""무식해!""약해빠졌어!" 등등. 한순간에 특정 단점이 자신의 전체 모습으로 확대되어 정체성 자체가 된다. 단점이 곧 우리 자신이 된다. 단순히 하나의 단점이 아니라 이 단점밖에 없는 자기 자신이 된다. 또한 우리는 특정 단점 하나에 절망하는 것이 아니라 스스로 부족하다고 생각하는 나 자신 때문에 절망한다.

증오스러운 끈질긴 자아

결국 절망은 나 자신과의 외로운 싸움이다. 절망에 빠지면 부족한 나 자신이 감당하기 힘들 정도로 크게 다가온다. 절망에 빠진 주변 사람의 모습을 본 적이 있을 것이다. 그 사람을 볼 때 짜증나지 않던가? 절망은 언뜻 철저한 자기비판처럼 보이지만, 사실은 은밀한 자기중심적인 태도다. 자기중심적인 자아에게 "너만 바라보지 마, 네 생각만 하지 마"라는 메시지를 전하려고 노력해야 한다. 실제로 절망한 사람은 온통 자기 생각뿐이다. 절망한 사람은 무수히 아픈 상처처럼 끝없이 나타나는 자기 단점에만 집중해 자기만 생각한다. 자기 자신, 또 자기 자신, 언제나 자기 자신. 자신밖에 안 보이는 것일까? 어느 정도는 그렇다. 하지만 이기심은 아니다! 겉만 보고 속아서는 안 될 때가 있다. 누군가를 깊이 사랑하면 밤낮으로 그 사람만 생각한다. 그런데 없어져버렸으면 좋겠다는 마음이 들 정도로 극도로 혐오하는 사람이 있어도 밤낮으로 그 사람만 생각나지 않던가? 나 자신을 미워하는 것도 과도한 자기애의 형태다.

절망은 늘 자살 충동을 부르기에 매우 위험한 증상이다. 물론 절망한다고 전부 극단적인 선택을 하는 것은 아니니 그나마 다행이다. 키에르케고르는 절망에는 두 가지 형태가 있는데 위험도는 다르다고 구분한다. 하나는 진정한 나 자신이 되고 싶으나 되지 못해 느끼는 절망이고 또 하나는 지금의 내 모습에서 벗어나고 싶어서 느끼는 절망이다. 위험도로 따지면 당연히 전자가 덜 위험하다. 전자는 간절히 바라지만 실현할 수 없는 자신의 이상적인 모습이 근본적인 이유이기 때문이다. 자신에 대해 절망하는 것은 맞지만 더욱 나답다고 생각하는 이상적인 자아상에 이르지 못해 절망한다. 예를 들면, 신앙인은 죄를 지었다고 생각될 때 자신에게 절망할 수 있다. 이때의 절망은 신앙인이 마음속에 품고 있는 이상적인 자신의 모습, 즉 성스러운 모습과 관계되어 있다. 갈망하는 이상적인 자아의 모습에서 자신의 존재 의미를 찾고 싶은데 이것이 이루어지지 않아 절망하는 것이다. 하지만 후자는 전혀 다른 형태의 절망이다. 이 경우는 나 자신과 그야말로 부정적인 관계를 맺는다. 지금의 자기 모습에서 벗어나 동경하는 이상적인 모습이 되지도 못했고 지금과는 다른 모습이 되겠다는 결심도 하지 못한 채 그저 지금의 자신과 작별해 망각의 잠이라는 영원한 물속에 들어갈 뿐이다. 죽음, 잠, 꿈같은 것…… 나 자신의 존재 자체가 문제처럼 생각된다. 절망한 사람은 결국 문제투성이의 자신과 결별하고 싶어 한다.

자살 시도

절망한 사람은 어떻게 자살할 결심을 하는지 알아보자. 자살이라는 결정을 행동으로 옮기는 이유는 무엇일까? 주변 사람들에게는 자살이 도저히 이해가 안 된다. 감정 문제, 심리적 요인, 각종 마음의 상처가 자살의 원인으로 지목될 수도 있다. 하지만 이보다 중요한 원인이 있다. 절망한 사람은 평계를 전혀 댈 수 없는 대상, 즉 자신을 비난한다는 사실이다.

먼저, 절망에 빠진 사람은 벗어던지고 싶은 자신 때문에 절망한다. 그런데 절망할수록 오히려 벗어나고 싶은 자신의 모습에 더욱 집착한다. 절망한 사람은 지금의 자기 모습을 더 이상 견디지 못하지만 벗어나지도 못한다. 보기 싫은 자신의 모습은 절망으로 더욱 강하게 도드라져 보이고 절망은 이런 자신을 파괴하고 싶게 만든다. 자기에게서 벗어나고 싶다는 생각을 하면 할수록 그런 자신이 머릿속에 늘 존재한다! 심지어 절망한 사람은 자신에게 절망하기 위해 자신을 필요로 한다. 피고인은 판사가 부르지 않으면 법정에 설 수 없다. 여기서 판사는 자아로 비유할 수 있다. 끝없이 증오를 극복하며 커지는 자아, "내 온몸의 피, 검은색 독이다! 나는 악녀가 사용하는 끔찍한 거울이다".*

따라서 우리의 생각과는 달리 자살은 자신을 파괴하려는 의지가 아니다. 오히려 아무리 애써도 자신에게서 벗어날 수 없자 결국 선택하는 것이 자살이다……. 점점 강해지는 모순을 없애기 위해서.

"바로 절망의 괴로운 실체다. 끝이 내면으로 향하는 이 극심한 고통으로 언제나 우리는 무기력한 자기 파괴에 더욱 몰두한다. 절망한 사람은 절망으로 자기 파괴가 이루어지지 않으면 위안이 아니라 고통을 느낀다. 그 고통으로 앙심은 커져가고 이를 악문다. 과거의 절망을 현재 끝없이 쌓아가며 자신을 삼켜버릴 수도, 자신에게서 벗어날 수도, 자신을 없애버릴 수도 없어 절망한다. 이것이 절망이 쌓여가는 공식이다. 자아 때문에 절망이라는 병이 들어 열은 높이 올라간다."(『죽음에 이르는 병』, 35쪽)

* 샤를 보들레르, 『악의 꽃』.

프랑스국립보건의학연구원Inserm이 2011년에 발표한 자료*에 따르면, 자살은 25~34세 프랑스인의 목숨을 앗아가는 첫 번째 사망 원인이고, 15~24세 프랑스인의 목숨을 앗아가는 두 번째 사망 원인이라고 한다. 절망이 극에 달하면 자살을 한다. 상황이 이런데도 낮은 자존감은 별로 심각한 문제가 아니며 평범한 자기애의 기준에 조금 못 미치는 것뿐이라고 자신 있게 주장할 수 있을까? 그렇다면 왜 우리는 다른 사람들로부터 애정을 갈구할까? 왜 우리는 끝없이 자신의 모습으로부터 벗어나기 위해 애를 쓸까?

---

* 프랑스국립보건의학연구원, 「프랑스의 자살 현황État des lieux du suicide en France」, 2011, www.sante.gouv.fr.

짚고 넘어가기

1 여러분에게는 절망스럽게 느껴지는 단점이 있는가? 왜 유독 그것이 단점인가? 주변인 한 명으로부터 여러분이 잘못 생각하는 것이라는 위로의 말을 들을 때 기분이 조금 나아지는가? 그렇지 않다면 그 단점 때문에 절망하는 것이 맞는 것일까? 사실은 여러분 자신에게 절망한 것이기에 코가 높지 않다느니, 미간이 너무 좁다느니, 눈썹이 지나치게 튀어나왔다느니, 입술이 너무 얇다느니 등등 자신에게 수많은 단점을 그냥 갖다 붙이는 것은 아닐까?

2 지금의 자기 모습이 견딜 수 없을 정도라서 부정하고 싶고 사라져버리고 싶은 마음인가? 어쩌면 이미 자살 생각도 해보았을지 모르겠다. 이처럼 자신을 가혹할 정도로 부정적으로 바라보는 이유가 있는가? 진정한 자신의 모습이라고 생각하는 이상적인 모습을 갖지 못했고 그 모습에 대한 열망이 크다 보니 절망하는 것은 아닐까?

3   여가는 어떻게 즐기는가? 고된 하루를 마치고 휴식 차원에서 적당히 여가를 즐기는가? 아니면 자신을 잊고 다른 곳으로 관심을 돌리기 위해 여가를 피난처로 삼는가? 예를 들면, 과음하는 편이고 조용한 집에서 어떻게든 나와 시끄러운 분위기 속에서 저녁시간을 보내는 편인가? 아니면 15분도 혼자 있기 불편해 본능적으로 텔레비전을 켜는 편인가? 그렇다면 혹시 나 자신을 피하고 싶은 것이 아닐까? 나 자신과 오랫동안 마주하고 있어도 우울해지지 않을 수 있는가?

4   이번 장을 읽고 나니 언제나 절망하는 이유가 여러분 자신에게 있다는 사실을 깨달았는가? 왜 절망이 이 정도로 여러분이 스스로 바라보는 모습을 비참하게 만드는지 생각해보자. 무엇 때문에 이토록 자존감이 낮아졌다고 생각하는가? 그 원인은 무엇일까?

의학이 절망을 이해하는 순간

절망은 우리 자신을 바라보면서 느끼는 감정과 관계가 있다. 그러다 보니 절망은 현대 시대의 진정한 질병이 되었고 의학이 자연스럽게 분석하는 대상이 되었다. 절망을 견디다 못해 도움을 받고자 정신상담 클리닉을 찾는 사람들이 얼마나 많은가? 의학적으로 접근하면 장점도 있지만 의학적인 관점에서 내세우는 전제가 과연 타당한지에 대해서도 생각해보아야 한다. 정말로 절망을 단순한 병으로 보아도 되는가? 그러면 절망에 깃든 실존적인 부분을 보지 못할 수 있지 않을까?

절망, 망상?

절망을 치료할 대상으로 바라보는 이유는 간단하다. 절망은 자신의 모습을 부정적으로 낙인찍기 때문에 고통스럽다. 그 절망 안에는 당혹스러운 면이 있다. "나는 아무 짝에도 쓸모없어. 나는 낙오자, 루저, 쓸모없는 놈이야." 의사는 이런 비관적인 말을 매우 위험하다고 생각한다. 하지만 의사는 문제를 근본적으로 보지 않고 그저 절망을 과대망상증으로 보는 경향이 있다. 자기 비하는 심각한 결과를 초래할 수 있지만 근본 원인은 우리 안에 있다. 지나칠 정도로 극단적인 자기 비하를 동반하다 보니 절망을 단순히 스스로를 고통스럽게 하는 정신 망상증으로 보는 것이다.

이렇다 보니 자기 비하를 우울증이 극단적으로 발전한 증상으로만 본다. 의기소침하기에 절망한다는 논리다. 이 논리에 따라 신체적·심리적 원인과 요인을 찾으려고 한다. 즉, 절망하는 이유는 자아가 맞지만 절망의 근본 원인이 자아가 아닐 수 있다. 예를 들면, 해결되지 못한 어린 시절의 문제가 무의식 속 고통으로 남아 절망으로 변할 수 있다. 따라서 자기 증오심은 고통의 진정한 원인이 아니라 결과물에 지나지 않을 수 있다. 절망하는 사람이 있다면 이런 말을 해주어야 한다. "너 자신 때문에 절망해서 고통스러운 것이 아니야. 네가 고통스럽기 때문에 너 자신에게 절망하는 거야." 고통의 은밀한 실체를 밝히고 드러낸 후 이를 극복해야 자기 비하에서 벗어날 수 있다.

절망에 깃든 실존적인 부분

왜 절망의 원인을 숨겨진 부분에서 찾아야 할까? 사람은 절망하면 특정 문제를 자기 전체의 실패로 일반화해 과장하므로 극단적이기 때문이다. 단순한 망상이 아니다. 어떤 실패든 그 실패에는 여러 원인이 있을 수 있다. 우리 모두 살면서 실패를 경험한다. 실연, 직업적인 고민은 거의 누구나 겪는 일이다. 하지만 그렇다고 모두 이것을 전체 실패로 일반화시키지는 않는다! 한번 거절당한다고 우리 자체가 그 누구에게도 인기 없는 인간이라고 확신할 수는 없다. 하지만 절망에 빠진 사람은 다소 성급한 일반화의 오류를 범한다. 절망한 사람은 이런 생각을 한다. "나는 절대로 아무것도 이룰 수 없다는 것이 문제다. 앞으로도 언제나 실패할 것이다. 어떤 이유가 있어서 일이 이렇게 된 것이 아니다. 그냥 나 때문이다." 절망에 빠진 사람이 흔히 사용하는 '절대로' '언제나'라는 표현은 절망한 사람의 강박적인 불안감을 잘 보여준다. 그가 겪는 상황은 특정한 문제 중 하나인데 마치 전체 문제처럼 일반화시킨다.

"일시적인 것은 특정한 상황이다. 실제로 일시적인 것은 벗어날 수 있지만 지나친 일반화 때문에 벗어나지 못한다. 자아는 현재 잃어버린 것을 과장하며 일시적인 문제를 일반화시켜 절

망에 빠진다."(『죽음에 이르는 병』, 408쪽)

특정 문제를 전체로 확대하는 것이 문제다. 그렇다고 현실과 동떨어진 생각이라는 뜻은 아니다. 다만 평범한 일상이라면 이와 같은 일반화와 마주할 일은 없다는 것이다. 실연은 그 자체로 충분히 고통이며 여기서 회복되려면 어느 정도 시간이 필요하다. 하지만 회복 과정을 더욱 힘들게 하는 것은 실연을 지나치게 확대해석하는 태도다. 처음에는 버림을 받았다는 사실에 분노하고, 이어서 지금의 고통을 해소하는 방법을 모른다는 사실에 새롭게 분노한다. "왜 나는 여전히 힘든 거지? 이렇게 힘들 이유가 없는데, 정말로!" 타인에 대한 분노가 자신에 대한 분노로 변한다. 그리고 왜 이 상처에서 회복되지 못하는지 생각해보다가 비난의 대상이 급격히 달라진다. 특정 문제를 확대해석하는 과정이 생긴다. "왜 나는 이렇게 약해빠졌을까? 내 문제는 무엇일까?" 그리고 실연의 고통이 자신의 무능함을 탓하는 태도로 확대된다. 삶의 고통을 극복하지 못하는 무능함, 한때 사랑했던 연인을 갈라놓은 무정한 과거의 시간을 견디지 못한 무능함만 병적으로 곱씹어본다. 하지만 고통을 이렇게 철학적인 경지로 승화시키면 지나치게 확대된다. 그러면 정작 고통의 근본적인 이유가 무엇인지 제대로 생각할 수 없다!

겉으로는 절망의 원인처럼 보여도 실제로는 근본적인 원인이 아니다

이별, 질병, 가까운 사람의 죽음, 직업에서 겪는 실패, 피로, 약해진 감정 등은 얼핏 절망의 원인으로 보이지만 근본 원인은 아니다. 이렇게 보면 특정 상황을 극단적으로 일반화시키는 절망은 불합리하고 망상에 가까워 보일 수 있다. 왜 절망이 망상을 부르는지 그 원인을 얼른 찾아야 한다. 여기서는 절망이라는 감정을 일으키는 무의식적인 심리적 체제(메커니즘)에서 이유를 찾아야 한다. 절대 개인 탓을 해서는 안 된다. 개인은 절망에 책임이 있는 것이 아니라 자신도 모르게 절망의 피해자가 된 것이다.

키에르케고르가 비판하는 것은 평소에 절망을 다루는 방식이다. 그에 따르면 자기 비하를 망상처럼 볼 수는 없다. 망상은 보이지 않는 내면의 과정으로 설명해야 한다. 실제로 어떤 특정 이유가 있어서라기보다는 어떤 것이 계기가 되어 절망하게 된다. 하지만 계기가 절망을 부른 직접적인 원인이라고 할 수는 없다. 배가 아파 진찰을 받았더니 의사에게 맹장염 진단을 받는다고 해보자. 배가 아프지 않았다면 절대로 진찰을 받지 않았을 것이다. 하지만 증상을 느끼기 전부터 맹장염은 이미 진행 중이었다. 병은 진단받기 오래전부터 진행되어왔지만 어떤 계기로 증상이라는 고통으로 표면에 나타난다. 절망도 그렇다.

"건강했던 사람이 병에 걸리면 의사는 그에게 예전에는 건강했지만 지금은 병이 생겼다고 이야기해줄 수 있다. 하지만 절망은 이와 다르다. 절망이 생겨났다면 이미 오래전부터 절망의 싹이 존재한 것이다."(『죽음에 이르는 병』, 365쪽)

간절히 원했던 승진에 실패해 절망한 남자가 있다고 상상해보자. 그는 승진을 못 해서 절망한다고 생각하지만 그렇지 않다. 실망감이 절망으로 변한 것은 대부분의 사람들과 달리 그가 승진에 지나친 의미를 부여해서다. 즉, 승진을 자기 화해와 동일시한 것이다. 이처럼 승진을 인생의 의미로 생각했기에 승진하지 못하자 인생이 실패한 것으로 본 셈이다. 따라서 그가 절망하는 이유를 승진 실패 자체에서 찾아서는 안 된다. 왜 그가 승진에 실패한 것을 갖고 이렇게 동요하는지 그 근본 원인을 생각해보아야 한다. 혹시 그는 이미 자신에 대해 절망한 상태가 아니었을까? 그렇기 때문에 승진해야 자신을 조금 더 사랑할 수 있었던 것은 아닐까? 하지만 결과적으로 승진하지 못했고 원래 자신에 대해 품고 있던 불만이 다시 고개를 든 것이다. 그가 절망한 것은 승진에 실패해서 생긴 실망감 때문이 아니다. 오히려 그 반대다. 이미 그전부터 절망에 빠진 상태였기에 실망감이 그만큼 더 큰 것이다.

"시저처럼 되는 것 아니면 아무것도 아니라고 말하는 야심가가 있다고 해보자. 그는 시저처럼 되지 못할 때 절망한다. 하지만 여기에는 다른 의미가 있다. 그가 자신을 견디지 못하는 것은 시저처럼 되지 못해서가 아니다. 그러니까 시저처럼 되지 못해 절망하는 것이 아니라 시저가 아닌 자신에게 절망하는 것이다. 마음에 안 드는 자아가 그 무엇보다도 견딜 수 없는 존재가 된 셈이다."(『죽음에 이르는 병』, 358쪽)

결론적으로 우리는 절망에 빠지면 특정 상황을 지나치게 일반화하는 성향이 있다. 이렇게 되면 주변 지인들은 위로 차원에서 이렇게 말할 것이다. "아냐, 그렇지 않아…… 지나치게 확대해석하는 거야!" 실제로 우리는 절망에 빠지면 "나는 절대로 안 될 거야"라고 단정하며 원하는 모습이 될 수 없다는 무력감을 표현한다. 예를 들면, 어느 저녁 파티에서 누군가를 유혹하고 싶었는데 실패해 절망했다고 가정해보자. 실패한 자신의 모습이 견딜 수 없이 싫지만 여기서 벗어나지를 못한다. 우리의 자유는 이것 때문에 영원히 가로막힌다. 한번 실패한 것을 갖고 지나치게 확대해석해 우리가 선천적으로 부족하다고 생각한다. 그것 때문에 절망감이 생긴다. 따라서 우리가 겪는 실패는 절망을 부추기는 출발점이 될지는 몰라도 절망의 근본 원인은 아니다. 실제로 실패한다고 우리 자체가 무능하다고 확신할 수는 없다.

절망에 늘 이유가 있는 것은 아니다

무엇 때문에 절망하게 될지 미리 알 수도 없다. 간혹 웃어넘길 수 있는 작은 일이 계기가 되어 절망으로 발전하기도 한다. 하지만 절망을 느껴도 근본적으로 무엇이 출발점이 되었는지는 잘 모를 수 있다.

"요즘 사람들이 왜 절망하는지 보자. 삶이란 근본적으로 덧없다는 사실을 알아서다. 하지만 이것이 정말로 절망의 이유일까? 삶이라는 것이 근본적으로 변했는가? 일시적인 것이 근본적으로 변한 것인가? 겉으로 나타나지 않으면 핵심적인 것이 아니라 부수적인 것이 아닐까? 결론을 내리자면, 사람들이 절망한다면 이전에 이미 절망한 상태였기 때문일 것이다. 다만 사람들이 이 사실을 깨닫지 못하는 것뿐이다. 하지만 완전히 우연한 차이다."(『이것이냐 저것이냐』, 490쪽)

1958년 11월 17일. 약혼한 지 얼마 안 된 일본인 수학자 다니야마 유타카Taniyama Yutaka 가 갑자기 스스로 목숨을 끊었다.

책상에 그가 남겨놓은 편지에는 아무런 설명이 없었고 지인들은 큰 충격에 빠졌다. "자살의 이유는 나조차도 모르겠다. 하지만 자살의 이유는 사건이나 특정 문제 때문은 아니다. 다만 나는 미래에 대한 믿음을 잃었다." 어떻게 분명한 이유도 없이 자살할 수 있을까? 절망을 부추긴 것처럼 보이는 세세한 이유들이 있어도 절망을 완전히 이해할 수 없는 것은 아닐까? 어떤 이유라도 너무 지엽적이기 때문에 절망이 왜 생겨났는지 근본적으로 설명하지 못할 수 있다.

우울증 혹은 절망?

따라서 키에르케고르는 우리에게 관점을 바꾸라고 한다. 평소의 생각을 완전히 바꾸라는 것이다. 절망이 우울증의 증상이라고 넘겨짚으면 자기 증오에 빠진 개인에게 병이 있다고만 생각하게 된다. '건강한' 개인은 자기 증오에 빠지지 않는가? 한창 때의 프로이트는 이미 '자기 비하'를 우울증의 옛 이름인 '멜랑콜리'의 주요 증상 중 하나로 보면서 축소 지향적인 시각을 도입했다.

"멜랑콜리에는 타인이 죽어서 상을 당했을 때 나타나지 않는 독특한 감정이 있다. 자존감 하락이나 자기 비하 같은 감정은 없다. 상을 치루고 나면 세상이 허무하게 느껴진다. 하지만 멜랑콜리에서는 자신이 불쌍하고 공허하게 느껴진다. 멜랑콜리 증상이 있는 환자는 자신을 아무 짝에도 쓸모없는 무능한 존재로 묘사하며 마음속으로 자신을 비난한다. 환자는 자신을 비판하고 욕하며 코너로 몰고는 그에 응당한 처벌을 받으려 한다. 환자는 누구 앞에서든 자신을 비하하고 자신처럼 한심한 인간과 알고 지내는 지인들에 대해서도 안타깝게 생각한다. (……) 정신적인 자기 비하에 이어 불면증과 거식증이 나타난다. 그리고 인생을 살아가는 데 버팀목이 되어주는 의욕도 눈에 띄게 사라진다."(프로이트, 「초상과 멜랑콜리Deuil et mélancolie」, 『메타심리학Métapsychologie』, Gallimard, 1968)*

절망을 병의 증상처럼 다루는 프로이트의 관점이 맞는 것일까? 감정선으로 보면 절망과 우울증은 분명히 다르다. 절망하는 사람은 감정이 격하지만 우울한 사람은 피로함과 전반적인 무기력함을 보인다. 절망에 빠진 사람은 말 그대로 '절망의 에너지'를 품고 있다. 하지만 우울한 사람은 에너지 자체가 남아 있지 않아 마치 바람 빠진 타이어 같은 상태다.

* 『멜랑콜리: 고대에서 20세기까지Mélancolies: de l'Antiquité au XXe siècle』, 이브 에르상Yves Hersant 총괄, Robert Laffont, 2005, 762쪽.

그뿐만 아니라 우울증은 육체적이건 심리적이건 완벽히 객관적인 원인이 있다. 우울증에는 주관적인 삶을 개입시킬 필요가 없다. 즉, 우리 자신과의 의식적 관계가 개입되지 않는다. 물론 정신과 의사는 환자의 하소연을 듣는다. 의사는 환자가 들려주는 경험과 우울증 증상을 나름의 방식으로 주의 깊게 듣는다. 하지만 우울증을 유발하고 개인을 무기력하게 하는 심리적인 과정을 밝혀내기 위해 환자의 말을 듣는 것뿐이다. 다시 말해, 환자의 이야기는 우울증의 직접적인 원인이 아니라 의사가 세밀하고 능숙하게 해독해야 하는 증상일 뿐이다.

하지만 이와 같은 방식을 절망에 똑같이 적용하면 절망에 깃든 특수한 성격을 간과할 수 있다. 우울증과 달리 절망은 철저히 개인이 자신과 관계를 맺는 방법에 속한다. 절망한 사람은 자신을 부정적인 존재로 매도한다. 자신을 이해하는 의식의 흐름만이 절망의 원인이다. 절망에 빠지면 우울증을 앓는 것이 아니다. 자신이라는 존재 때문에, 자신을 바라보는 스스로의 냉혹한 시선 때문에 괴로운 것이다.

그렇다고 해서 절망과 우울증 사이에 전혀 관계가 없다고 단정하기는 힘들다. 우울증이 절망의 원인이 되기도 한다. 실제로 절망할수록 우울증이 생기기 때문이다. 이렇게 보면 우울증이 절망보다 범위가 넓다. 절망에 빠지면 그 과정에서 우울증이 생기기도 한다. 하지만 절망을 느껴도 실제로 질병처럼 어떤 '상태'가 되기는 힘들다. 절망은 너무나 강렬한 감정이기 때문에 오랫동안 지속될 수 없다. 절망이 길게 이어지면 그 과정에서 당연히 우울한 상태도 나타난다. 그러면 자기 증오가 사회학자 알랭 에랭베르Alain Ehrenberg의 저서 제목이기도 한 '자기피로fatigue d'être soi'로 서서히 발전한다.

> "아무런 의욕이 없다. 말을 탈 의욕이 없다. 움직임이 너무 거칠어서다. 걸을 의욕이 없다. 너무 피곤해서다. 누울 의욕이 없다. 다시 일어나야 하지만 그럴 의욕은 더 없다. 아무런 의욕이 없다."(『이것이냐 저것이냐』, 17~18쪽)

따라서 그 어떤 절망도 아주 오랫동안 이어지지는 않는다. 다만 절망이 또 다른 절망을 부른다. 이 경우, 일시적인 고통이 처음에는 강렬하다가 점차 사라진다면 절망은 오래가게 된다. 만성적으로 온전한 나 자신이 될 수 없다는 감정 외에 또 다른 고통이 따른다. 모든 중심이 절망으로 가득하며 우리는 이것 때문에 괴롭다.

짚고 넘어가기

1   가끔 우울한 기분이 들 때가 있다. 침울함, 피로, 싫증과 비슷한 기분이었을지도 모르겠다. 그런데 이 상태에서 자신에게 절망했는가? 우울해지면 무엇 때문에 삶에 의미가 없는 기분이 생기는지 생각해보자.

2   치료나 상담을 받을 정도는 아니어도 우울한 적이 있었을 것이다. 어떤 이유 때문에 우울하기 시작했는지 기억나는가? 신경 쓰이는 특정 사건이 원인이었을 수도 있다. 유독 그 사건이 신경 쓰이는 이유는 무엇인가? 그 사건에서 어떤 부분이 신경 쓰였는가? 왜 우울해졌는가? 혹시 그 사건이 자존감에 타격을 주어서 우울했던 것은 아닐까? 어쩌면 그 사건 자체보다는 그 사건이 계기가 되어 마음속 깊이 이미 자리 잡았던 자괴감, 그러니까 그 이전부터 자리 잡았던 절망이 되살아나 우울한 것은 아니었을까?

3   열여섯 살 된 딸이 사랑의 슬픔으로 절망할 때, 여러분은

그 일을 가볍게 생각할지도 모른다. 여러분 입장에서 딸아이가 느끼는 사랑의 슬픔은 심각하게 생각할 일은 아니라서 절망의 근본 원인은 되지 못한다고 볼 것이다. "그런 바보 같은 일로 절망하면 안 되지!"라고 여러분은 생각한다. 하지만 이런 생각이 오히려 잘못된 것은 아닐까? 별것 아닌 이유 같아도 절망이라는 감정이 생길 수 있기 때문이다. 종류와 관계없이 평범한 이유로도 절망할 수 있다. 시작은 아무것도 아닌 것 같아도 심적으로 심각한 상태라는 사실에는 변화가 없다.

4 이별을 한 후, 분노가 치민다. 정당한 분노든 아니든 일단 분노가 생기면 심리적으로 우울해질 겨를이 없다. 만일 분노가 없다면 어떤 일이 생길 것 같은가? 혹시 다른 사람을 비난할 수 없어서 자신을 비난하려는 것은 아닐까? "어떻게 그가(혹은 그녀가) 나를 사랑할 수 있었겠어? 나는 아무것도 아니고 아무 짝에도 쓸모없는 인간인

데······." 이혼의 끝이 좋지 않은 이유는 부부가 각자 자신에게 섭섭했던 점을 도리어 상대방 탓으로 돌리며 열심히 비난해서는 아닐까?

행복에 대한 착각

온전한 자신이 될 수 없다는 생각이 들면 절망하게 된다. 그렇다면 절망은 의학적으로 다루기보다는 철학, 그중에서도 행복철학의 관점에서 다루어야 할 것 같다. 이렇게 보면 절망에서 벗어나기 위해서는 온전한 자신이 되는 법을 배워야 할 것이다. 적절히 자신을 관리하는 법을 배우면 모든 상황이 나아질 것으로 본다. 이와 같은 낙천적인 관점은 꽤 매력적이라서 다른 형태의 환상이 생겨나게 된다.

불행에 대한 믿음

고대 비극작품에서는 개인이 시련으로 시작되는 고통에 쓰러졌다. 이렇게 해서 한 사람의 고통은 언제나 불행 때문이었다.

그뿐만 아니라 '불행'이라는 단어는 '나쁜 운명'을 뜻하기에 인생의 낙관적인 개념에 대한 기억을 충실히 지킨다. 왜 '낙관주의'일까? 실제로 수많은 불행이 우리의 어깨를 짓누르고 있다는 사실은 거의 중요하지 않았다. 불행의 양이 문제가 아니었다. 불행은 개인이 통제할 수 있는 인생의 사고를 의미했다. 이처럼 인생을 비극적으로 보는 관점은 개인이 어떤 과정을 통해 끝없는 고통을 당하는지를 살피기에 비관적으로 보인다. 하지만 고통을 불행의 원인, 그러니까 우연히 일어나는 불길한 일이라고 여기면서 고통은 개인 탓이 아니라는 믿음을 주었다. 반대로 모든 고통은 운명의 장난으로 치부했다. 불행은 우연히 일어나는 일이기 때문에 인간은 행복해질 수 없었다고 보았다. 따라서 고통은 사랑하는 사람의 죽음, 전쟁, 흑사병, 신의 분노 등 객관적인 영역에 속했다.

"불행은 인간의 길을 갑자기 가로막는 어려운 길목과도 같다. 불행은 마음속에 있지만 불행의 관점으로 인생을 해석하려면 불행이 표현되지 않고 이질적인 이미지가 되어 잠깐 동안만 머물러야 한다."(『철학적 단편에 붙이는 비문학적 해설문』, 299쪽)

지금도 우리는 이와 같은 관점을 자연스럽게 받아들이는 편이다. 우리는 고통스러우면 즉각 고통의 원인을 외부에서 찾는다. 고통의 원인을 우리 탓으로 생각하기보다는 외부 상황 탓으로 돌리는 것이다. 따라서 고통을 불러온 객관적인 상황을 바꾸면 모든 것이 제자리를 찾게 된다는 논리가 나온다. 예를 들면, 결혼 생활이 행복하지 않은 사람은 배우자를 잘못 선택해서 지금의 고통이 있다며 배우자를 바꾸면 행복을 다시 찾을 수 있다고 생각한다. 마찬가지로 학교 성적을 잘 받지 못한 아이는 선생님을 탓하며 다른 선생님에게 배우면 성적이 더 잘 나올 것이라고 생각한다. 완전히 틀리다고는 할 수 없지만 이런 생각만으로는 고통을 전반적으로 파악할 수 없다. 이렇게 외부 탓을 하면 불행한 사건과 큰 관계가 없는 주관적인 이유 때문에 고통이 있는 것으로만 바라보게 된다. 행복의 조건을 다 갖춘 사람도 행복하지 않은 경우가 많다. 그렇지 않은가? 고통은 내부에서 비롯한 것일 수 있다. 아니라면 무엇 때문인가?

그나마 현대를 사는 우리는 고통의 원인이 전부 외부 탓만은 아니라는 사실을 잘 알고 있다. 예전 사람들의 시각에서는 꽤 벗어났다고 할 수 있다. 물론 완전히 벗어난 것은 아니다. 고통의 원인이 개인의 내부에 있을 수는 있으나 우연한 것과는 다른 '이질적인 것'과도 관계되어 있다. 다만 우리가 이것을 보지 못할 뿐이다. 이질적인 것이 반드시 '외부적인' 것을 뜻하지는 않는다. 예를 들면, 바이러스 감염 같은 외부 요인 때문에 반드시 병이 생기는 것은 아니다. 개인에게 원인이 있는 유전자 변형 때문에 병이 날 수도 있다. 다른 사람들은 면역력으로 쉽게 피할 수 있는 병도 쉽게 걸릴 가능성이 큰 사람들이 여기에 속한다. 하지만 이런 경우에도 우리에게 고통은 일종의 불행으로 보인다. 확실히 고통은 더 이상 우리를 외부의 아래로 떨어뜨리는 것이 아니라 우리가 수동적으로 감내하는 것이다. 다시 말하자면 우리는 고통이 우리 탓인 경우도 있다고 말은 하지만 전반적으로 고통이 진정으로 우리 탓이라고 생각하지는 않는다. 우리는 고통을 당하면 어딘가에 문제가 되는 요인이 있을 것이라고 생각한다. 행복의 조건을 모두 갖춘 사람이 행복하지 못하면 우리는 그 사람에게 문제가 있다고 생각한다. 그 사람의 고통을 치유할 수 있는 해결책을 찾으려면 문제의 원인만 밝혀내면 된다고 생각한다.

따라서 우리는 손쉽게 낙관적인 시각에 접근한다. 고통은 언제나 우리 안에 무질서의 증상이 있으리라는 생각을 하게 하는 관점이다. 고통을 느끼면 우리의 안팎에서 무엇인가에 문제가 있다고 보는 것이다. 비정상적인 상황이 있기 때문에 그에 걸맞은 치료를 받아야 한다고 본다. 이런 식의 접근이 너무나 자연스럽게 자리 잡아서 비판할 생각조차 하지 못한다. 이 책을 읽는 여러분도 절망에 빠지면 과연 내부에서 원인을 찾으려고 할까? 이러한 믿음이 나타나는 이유는 인간 안에는 랭보의 표현을 그대로 빌려 '행복의 운명 fatalité de bonheur'이 있기 때문이다. 우리의 고통은 어떤 문제 때문에 일어나기 때문에 그 문제가 원칙적으로 행복을 방해하는 유일한 원인이라는 논리가 나온다.

행복주의적 시각: 행복 지상주의

우리 모두 당연히 행복을 추구한다. 하지만 행복에 이르는 길이 힘들고 행복을 이루는 일이 드물다 보니 과연 행복은 인간이 추구할 수 있는 것인지 의문이 생길 것이다. 행복해지는 것이 어렵다 보니 기본적으로 이런 질문을 해본다. 어떻게 하면 행복해질 수 있을까? 그러면서도 행복해지기 위해 우리가 실제로 열심히 노력했는지는 질문하지 않는다.

　행복을 삶의 목표로 삼는 모든 철학 이론을 가리켜 행복주의 철학이라고 한다. 행복주의 철학 이론도 그리스 고전을 출발점으로 삼는다. 플라톤, 아리스토텔레스, 에피쿠로스, 스토아학파 철학자들이 행복주의 철학자들을 대표한다. 이들 철학자는 행복을 추구했고 최적의 조건에서 행복에 다가가는 법을 찾아 헤맸다. 이들 이후에 나타난 행복주의 철학자들은 스피노자와 니체다.

행복주의 철학은 우리 각자가 당연히 행복을 추구한다는 확신에서 출발한다. 우리가 행복하지 않으면 어딘가에 문제가 있다고 본다. 다시 말해, 어떤 문제가 있어서 우리가 본성에 따라 온전한 자신이 되지 못한다는 것이다. 이와 같은 방해물만 없으면 우리는 진정한 자신이 되어 행복해질 수 있다고 본다. 아리스토텔레스는 미덕이야말로 모든 인간을 완성시키는 훌륭한 가치라고 주장한다. 예를 들면, 칼은 무엇인가를 자르기 위해 만들어졌다. 따라서 칼은 주어진 것을 훌륭하게 자를 때 본연에 충실해진다.

마찬가지로 악기 연주가는 예술을 통해 자아를 실현한다. 이렇게 보면 우리는 자기완성을 위해 어떤 길을 가야 할지 생각할 때 순간적으로 아리스토텔레스 철학을 따를 때가 많다. 나의 길은 무엇인가? 나의 재능은 무엇일까? 그러니까 나의 남다른 능력은 어디에 숨겨져 있을까? 또한 우리는 스피노자 철학처럼 완전한 자기실현을 해나가면서 삶의 기쁨을 느끼려고 한다. '우울한 열정'(슬픔, 분노, 원망 등)은 우리로부터 삶의 의지를 빼앗아간다. 따라서 삶을 다시 따뜻한 눈으로 바라보려면 삶을 살아가는 데 방해가 되는 의욕 상실과 맞서는 법을 배워야 한다고 생각한다. 사람마다 진단과 방법이 다를 수 있지만 하나같이 동의하는 중요한 사실은 진정으로 인간이라면 당연히 나다워지는 법을 배워야 한다는 것이다.

서점의 코너들을 쭉 살펴보자. 특히 다양한 자기계발서가 있는 코너를 보면 나다워져야 한다는 생각이 우리에게 얼마나 깊이 뿌리 박혀 있는지 알 수 있다. 자기계발서 작가들은 '내면의 자아'를 완성시키라고, 우리다운 모습을 찾기 위해 떠나라고, 잠재력을 발휘할 수 있는 '직업'을 찾아 떠나라고 조언한다. 우리는 이들의 조언을 하루 종일 되새긴다. 그 과정에서 진정으로 나다워지는 법을 꾸준히 배우는 것이 우리가 추구해야 할 최종 목표라고 생각한다. 목표 실현을 위해 자기감정에 귀를 기울이고 내면이 원하는 것을 되찾고 잠재력을 발굴해 성공적인 인생을 살라는 조언을 떠올린다. 나다워지는 것은 새로운 결심, 반드시 새겨야 할 마음가짐에 가깝다. "너 자신이 되어라!"

미학: 있는 그대로의 네가 되어라!

이와 관련해 키에르케고르는 '행복주의'라는 용어를 사용하지 않는다. 그보다는 '미학'이라는 용어를 선호한다.

> "인간 안의 미학이란 무엇일까? (……) 이 질문에 나는 이렇게 대답하겠다. 인간 안의 미학은 인간이 즉각 자기다워지기 위해 사용하는 수단이다."(『이것이냐 저것이냐』, 480쪽)

키에르케고르가 이렇게 다른 용어를 사용하는 것은 단순히 독특한 언어유희를 자랑하려는 것이 아니다. 키에르케고르가 미학이라는 용어를 선호하는 이유가 있다. 원래 미학이라는 용어는 현재에서 흔히 사용되는 것처럼 예술 이론을 가리키는 것이 아니다. 그보다 미학은 감성적인 부분, 즉 모든 생각 이전에 우리 안에 본능적으로 작용되는 부분을 가리킨다. 이렇게 보면 미학적인 인간은 본능에 충실한 인간을 뜻한다. 따라서 키에르케고르는 미학이라는 용어 자체가 모든 행복주의 시각이 지니는 한계를 보여준다고 생각했다. 정확히 행복주의 관점의 한계는 무엇일까? 우리는 단순히 감정적인 존재도 아니며 타인이나 자아와 곧바로 관계를 맺는 존재에 그치는 것이 아니다. 그에 앞서 생각도 하고 자기비판도 하는 존재다. 그런데 행복주의 관점은 이를 간과한다. 이것이 행복주의 관점의 한계다.

조금 더 자세히 살펴보기 위해 예를 들어보자. 자신이 어떤 존재인지 깨닫고자 자기 탐구를 하는 인간이 있다고 해보자. 그는 자신에게 놀라운 장점들이 숨어 있다는 사실을 알게 된다. 그 경우를 상상해보자.

"미학적인 인간은 자신의 관점에서 자신을 바라보고* 내부와 내부를 다시 구분한다. 부수적인 것과 핵심적인 것을 구분하는 것이다. 하지만 이러한 구분은 지나치게 상대적이다. (……) 자신을 미학적으로 바라보는 사람은 이런 식으로 구분할 것이다. 그리고 이렇게 말하겠지. '나는 미술에 재능이 있지만 우연히 발견한 재능으로 본다. 하지만 내게는 재치와 통찰력이 있다. 이것은 정체성과 관련된 핵심적인 것으로 본다.' 이에 대해 나는 이렇게 대답할 것이다. 이런 구별은 전부 환상이라고."(『이것이냐 저것이냐』, 540쪽)

왜 이런 구분이 환상일까? 우리 자신에 대해 "어, 내게 이런 재능이 있네!"라고 말한다고 해보자. 우리가 갖고 있는 재능을 알아볼 때 기쁘기만 한 것은 아니다. 동시에 자연스럽게 재능이라는 정체성과 거리를 두기도 한다. 거울을 볼 때도 마찬가지다. 분열이 이루어지는 것이다. 여러분은 대상(거울에서 보이는 자신의 모습)을 바라보고, 동시에 그 대상도 여러분을 바라본다. 거울은 여러분을 '비추어준다'. 마찬가지로 여러분은 '사유'를 할 때 자신의 거울이 된다. 여러분은 단순히 살아 있는 것으로 만족하지 않는다. 마치 배우이자 관찰자의 입장인 듯 여러분이 살아가는 모습을 바라본다. 우리는 행동하는 데 정말로 많은 시

---

* 구체적이고 실질적인 자신의 존재 안에서Dans son existence concrète, matérielle.

간을 보낸다. 하지만 깊이 생각해보면 우리 자신의 행동을 보고 평가하는 데 훨씬 더 많은 시간을 보낸다! 그야말로 중심을 이루는 우리의 성향이다. 우리 자신을 바라보고 평가할 수 있는 능력에 따라 엄밀한 의미에서 사람이 되기도 하고 키에르케고르가 말한 대로 정신이 될 수도 있다.

"인간은 정신이다. 그렇다면 정신은 무엇인가? 자아다. 그렇다면 자아는 무엇인가? 자신과 맺는 관계다. 다른 말로 하면 정신은 내 안의 자아와 맺는 내면적인 방향이다. 자아는 관계가 아니라 관계를 맺는 자신에 대한 피드백이다."(『죽음에 이르는 병』, 351쪽)

그렇다면 우리는 어떻게 해야 완전한 자신이 될 수 있을까? 키에르케고르는 "미학적인 성장은 식물의 성장과 같다. 개인이 되는 순간 지금의 자기 모습이 된다"*라는 글을 썼다. 이미지가 생생하게 떠오른다. 진정한 자신이 되는 것은 본성에 따라 움직이고 가능성을 키우는 일이다. 어떤 표현을 사용하든 식물과 비유해야 한다. 나무는 이미 씨앗 안에 존재했다. 씨앗은 나무가

* 『이것이냐 저것이냐』, 414쪽.

되기 위해 존재한다. 하지만 우리가 도움을 주어야, 최소한 방해는 하지 말아야 씨앗이 자라 나무가 된다. 우리를 어떻게 식물과 비교할 수 있을까? 진지한 시각일까? 내가 아주 자신 있게 "어, 내게 이런 재능이 있네!"라고 말한다고 해보자. 내 안에 있는 재능을 알아보는 것으로 끝나지 않고 왜곡된 비교를 한다. 나의 재능 가운데 어떤 것이 정체성과 관련된 핵심적인 것이고 어떤 것이 부수적인 것인지 구분하려면 어떻게 해야 할까? 내가 이런 말을 한다고 해보자. "미술 재능은 포기해도 상실감이 들지 않을 수 있다. 하지만 철학에 대한 재능은 내가 반드시 살려야 하는 핵심 재능이다. 철학에 대한 재능은 나의 정체성과 연결되기 때문이다." 철학의 길을 가면 조금 더 나다워질 수 있을까? 만일 포기한다면 나답게 살 가능성이 줄어들까?

진부한 말처럼 들릴 수 있다. 한 남자가 있다. 꿈꾸던 직업을 선택하지 않았다는 이유로 인생이 실패했다고 생각한다. 지금의 아내는 결혼하고 몇 년 지나고 보니 진정한 반쪽이 아닌 것 같다. 흔히 말하는 실패한 인생이다. 우리는 이러한 상황에 놓이면 섬세하게 판단하지 못한다. 이 남자는 본성을 외면했기에 자신다운 삶을 살지 못한다고 생각해야 할까? 그런데 달리 생각하면 혹시 이 남자는 단 한 번도 본성을 따른 적이 없는데 이제 와서 변명만 하는 것은 아닐까? 현재 만족스럽지 않은 결과는 전부 그가 선택한 것이 아니던가? 지금의 직업을 선택한 것은 다른 사람이 아니라 바로 그 남자 자신이다! 지금의 아내와 결혼한 것도 다른 사람이 아니라 바로 그 남자 자신이다! 이 남자는 어떻게 "전부 나의 본성이 선택한 길이 아니야!"라고 말할 수 있을까? 어떤 이유로 이 남자는 실제로 선택한 길보다는 선택하고 싶었으나 가지 못한 길이 자신의 본성과 가깝다고 확신할 수 있을까? 개인 정체성은 놀랄 정도로 이분법적이어서 누구든 '나는 누구인가?'라는 질문에 정답을 내릴 수가 없다.

절망은 불행이 아니다

지금까지 살펴본 이야기를 통해 우리가 반드시 행복을 추구하는 존재는 아니라는 사실을 알게 되었다. 이러한 내용을 조금씩 받아들일 필요가 있다. 모든 것을 갖추고 싶다는 야심은 혼란으로 인한 고통을 자기 안에서 없애는 데 필요하다. 이와 같은 야심은 간절한 소망이기도 하지만 자신을 잘 몰라서 생긴 것일 수도 있다. 깊이 생각해보면 마침내 진정한 자신을 되찾았다고 확신하며 정체성 고민 문제를 해결했다고 주장하는 사람이 있다. 얼핏 이런 사람은 건강해 보일 수 있다. 그런데 오히려 진정한 자신을 찾지 못해 절망하는 사람이 자신을 통찰력 있게 보는 것은 아닐까?

따라서 절망을 불행한 과거처럼 치유해야 하는 대상으로 생각할 필요는 없다. 절망할 줄 아는 사람이 그렇지 못한 사람보다 더 정상적이고 정신이 더 건강한 것일 수 있다. 실제로 키에르케고르는 절망을 느끼는 마음은 비정상이 아니라 실존적인 고민을 표현하는 것이라고 생각했다. 오히려 자신에 대해 전혀 모를 때 실존적인 고민을 하지 않을 수 있다. 자신을 제대로 모르는 사람은 자신을 돌아보는 고통스러운 작업도 하지 않는다.

"현세에서의 삶은 모두 불편하다. 누군가 그 이유를 묻는다면 우리는 그 사람에게 먼저 어떻게 살았는지 묻는다. 그 사람이 말해주면 우리는 '그것이 이유입니다'라고 대답한다. 또 다른 누군가가 이유를 묻는다면 우리는 아까와 똑같이 질문하고 그 사람이 반대의 상황을 말해주어도 우리는 '그것이 이유입니다'라고 대답한다. 모든 것을 설명한 것처럼 진지한 표정으로 떠나 골목을 지나간다. 우리는 고개를 숙여 사라진다. 누군가 내게 탈레르thaler 열 개를 주어도 삶의 수수께끼를 풀 수 없을 것이다."(『철학적 단편에 붙이는 비문학적 해설문』, 30쪽)

짚고 넘어가기

1   고통을 어떻게 생각하는가? 불쾌하거나 참을 수 없다고 생각해 가능한 한 피해야 한다고 생각할지도 모르겠다. 그런데 고통은 여러분이 온전한 자신이 되는 데 방해가 되는 부정적인 현상일까? 오히려 그 어느 때보다 온전한 자신이 된 것 같다고 생각하게 되는 고통도 있지 않을까? 고통에서 애써 빠져나오려 하기보다는 몇 시간이고 컴컴한 방에 누워 슬픈 노래를 들으며 고통을 만끽하려고 한 적은 없는가? 괴로운 상태이기는 하지만 자신이라는 존재에 특별한 의미를 깨닫는 계기도 되기 때문에 고통을 오히려 음미하는 것은 아닐까?

2   고통에서 무조건 회복해야 한다고 생각하는가? 계속 안고 가는 것이 맞는 고통도 있지 않을까? 예를 들면, 아이가 죽은 지 수년이 지나야 죽은 아이를 떠올려도 더 이상 고통스럽지 않을 것 같다는 부모의 말은 어떻게 보아야 할까? 이런 '회복'이 정말로 건전해 보이는가?

3 이번 장을 읽으면서 혹시 그동안 속은 것 같다는 기분이 들지 않았는가? 그런 기분이 들었다면 미학에 대한 편견에 갇혔다는 사실을 그동안 몰라서였을 것이다. 삶이 편하지 않은 것은 방향이 잘못 설정되었거나 환상 때문이라는 진단을 기대해서였을지도 모른다. 그런 면에서 이 책의 내용은 잘못된 생각에서 벗어나 삶에 대해 느끼던 불편한 감정을 벗어버릴 수 있도록 하는 데 도움이 되었다고 생각한다. 무엇보다 절망이 특별히 문제가 있는 감정이 아니라는 사실을 알게 되었을 것이다. 절망은 자연스러운 감정이며 어느 정도의 통찰력이기도 하다.

모순의 영향

우리의 인생은 하나같이 '불편함'과 같다고 할 수 있을 것이다. 정확히 어떤 불편함인가? 우리가 느끼는 절망이 실존의 진짜 문제를 표현하는 것이라면 이름을 붙일 수 있어야 한다. 절망을 안겨주는 불편한 진실은 무엇인가? 잊고 싶으나 실존의 범위를 이루는 모순이 분명히 나타난다. 실존의 범위 속에서 인간마다 공연히 움직여야 한다.

무한과 유한

자아와 긴밀히 관계를 맺을수록 지금의 모습으로 만족할 수 없다. 잘 생각해보면 자아와 지금의 모습 사이에 나타나는 차이는 극단적으로 모순이라는 형태로 나타난다. 모순은 두 가지 진술이 일치하지 않을 때 발생한다. 논리적으로 보면 모순은 진정한 난센스다. 모순은 이와 같은 부조리한 성향 때문에 참을 수 없는 존재가 된다. 절망에 빠지면 모순을 느끼며 삶에 아무런 가치가 없다는 생각이 든다.

아무리 마음을 다잡아도 우리 자신에 대한 생각은 달라지지 않는다. 지금과는 다른 얼굴과 직업을 가진 우리 자신을 상상할 수 있다. 지금보다 용기 있는 우리 자신을 꿈꿀 수 있다. 다른 장소, 다른 시대에 있었다면 인생이 지금과는 달랐을 것이라고 상상해볼 수 있다. 새로운 자신을 꿈꾸는 상상은 끝이 없다. 지금의 모습과는 다른 우리 자신의 모습을 무한적으로 자유롭게 상상할 수 있다. 마치 지금의 우리 모습을 벗어던지지 않으면 온전한 우리 자신이 될 수 없다는 생각 같다. 상상을 통해 우리 자신의 모습을 새로 그린다면 지금의 자신을 이루고 있는 요소가 진짜 우리 것 같지 않아 보인다는 뜻 아닐까? 이러한 감정이야말로 무한한 자기 상상이 아니고 무엇이겠는가?

키에르케고르가 언급한 것처럼 무한한 자기 상상으로 생각하는 우리의 모습은 재능과 능력, 충동, 욕망을 갖춘 지금의 자아와는 많이 다르다. 하지만 지금의 얼굴, 지금의 직업, 용기가 부족한 지금의 소심한 모습, 태어난 곳, 부모님의 이름처럼 타고난 유전자와 후천적인 행동에 의해 유한하게 정해진 이 모든 것이 우리의 현재 모습이라는 점을 인정해야 한다! 정체성이 없는 자아는 어떻게 될까? 무한한 상상 속의 모습도 나 자신이고 지금의 정체성도 나 자신이다. 우리는 완전히 자유로운 존재라고 느끼면서도 지금 유한하게 정해져 있는 자신의 모습도 인정할 수밖에 없다. 마치 두 다리를 사용하지 못하는 인간의 비극을 떠올리는 것과 같다. 몸이 불편하다는 사실은 자유롭게 부정할 수 있다. 나름의 정당성으로 인정하지 않을 수도 있다. 하지만 아무리 부정하려고 해도 인생을 살아가면서 매 순간 불편한 육체에 묶여 있는 현실 속의 자기 모습을 발견하게 된다.

"진정한 자신이 되고 싶다는 절망을 느끼려면 무한한 자아를 의식해야 한다. 가장 추상적인 형태의 자아다. (……) 자아는 이 무한한 형태의 도움을 받으며 완전히 자유롭고 싶어 한다. 혹은 창조자의 입장이 되어 자아를 원하는 방향으로 만들고 지금의 구체적인 자아를 인정할지 말지를 선택하고 싶어 한다. 구체적인 자아는 막연한 해석이 아니라 자신의 해석이다. 실제로 여기에는 필요성, 한계가 포함된다. 자신의 재능, 능력처럼 구체적인 것에서 나온 좁은 의미의 정해진 자아, 정확한 자아다."
(『죽음에 이르는 병』, 416쪽)

바로 여기서 정체되고 숨 막히는 느낌이 든다. 절망할 때 느끼는 감정이다. 숨 막힌다는 것은 공기가 부족해서가 아닌가? 여기서 공기는 가능성을 의미한다. 절망에 빠지면 갇혀 사는 기분이 들 때가 있다. 필사적으로 떼어내고 싶은 현재의 정체성에 갇혀 있는 기분 때문이다. 잠시 시선을 돌리면 벗어나기 힘든 모순에 갇혀 있는 자신을 발견할 뿐이다.

> "상대방이 '이 체스 말은 움직일 수 없어'라고 말할 때 마치 내가 그 체스 말이 된 기분이 든다."(『이것이냐 저것이냐』, 19쪽)

영원불멸과 현재의 시간

무한함과 유한함 사이에 놓인 모순만이 우리가 극복해야 할 대상은 아니다. 우리를 가장 깊은 절망의 늪으로 끌어당기는 확실한 사건은 가까운 사람의 죽음이다. 가까운 사람을 잃고 고통을 느끼면 갑자기 인생에는 끝이 있으며 우리도 언젠가는 죽을 것이라고 생각한다. 시간이 영원할 것 같았던 기분이 저 멀리 날아가 버린다. 물론 우리는 언젠가 늙고 죽을 것이라는 사실은 이미 잘 알고 있다. 죽음은 단지 육신의 죽음만 의미하는 것은 아니다. 죽음은 개인의 특권이기도 하다. 아무리 윤회라든지 부활을 믿어도 일단 죽어야 윤회든 부활이든 한다. 따라서 우리의 육신뿐만이 아니라 자아도 죽음을 피해갈 수 없다.

그런데도 왠지 이렇게 영원히 살 것만 같은 느낌이 든다. 죽음은 어떨까? 각자 자신의 죽음을 상상해보자. 아무리 상상해도 육신이 사라지는 모습만 상상할 수 있을 뿐이다. 이렇게 죽음을 상상해도 완전히 세상에서 사라지는 기분은 들지 않는다. 우리의 죽는 모습을 상상해도 피부로 와 닿지는 않는다. 살아서 어떤 상황에 놓인 것을 상상하는 일과 별반 차이가 없다. 심지어는 나이가 들고 모습이 지금과 달라지는 때가 와도 우리 자신은 변하지 않을 것 같다. 다섯 살의 나든, 서른 살의 나든, 예순 살의 나든, 나는 언제나 나다. 대략 이러한 마음을 가리켜 영원불멸함의 감정이라고 부를 수 있겠다.

매일 아침 거울 앞에 서서 새로 난 흰머리를 보아도 나는 앞으로 영원히 존재할 것만 같다. 누구나 이러한 경험을 겪는다. 이러한 경험 속에 기본적으로 실존의 모순이 있다. 실존의 모순이 끝없이 절망을 키운다.

"인생이란 얼마나 무의미하고 공허한가! 한 사람을 땅에 묻는다. 무덤 자리까지 그를 따라간다. 삽으로 흙을 퍼서 그의 시신 위에 세 번 뿌린다. 마차를 타고 도착한다. 마차를 타고 집에 온다. 앞으로 살날이 많다고 생각하며 스스로 위안한다. 10년을

일곱 번 곱하면 어느 정도의 세월일까? 왜 이번에는 답이 안 나올까?"(『이것이냐 저것이냐』, 27쪽)

우리의 모순을 있는 그대로 비추어주는 절망

하지만 이것이 다가 아니다! 절망은 단순히 이렇게 두 가지 형태만 있지 않다. 끝이 있다고 바라보면 모순이 다르게 보인다. 절망하면 유한한 운명 앞에서 숨이 막히는 기분이 들고 가능성의 한계 앞에서 방향을 잃고 불안한 기분이 들 수 있다. 예를 들면, 실업자가 되거나 조기 퇴직을 하면 아무런 구속도 받지 않고 자유롭게 시간을 보낼 수밖에 없어진다. 삶이 너무나 한가해지는 기분이다. 자명종을 맞출 필요도 없고 준비해야 할 회의도 없다. 자유가 무한정 주어지다 보니 오히려 정체성이 없어진 것 같아 존재의 불안감이 커진다.

"내가 할 수 있는 무엇일까? 아무것도 할 수 없는 무능한 존재다. 이렇다 할 솜씨도 거의 없다. 솜씨가 있다 해도 좋은 평가를 받을까? '집안 살림'과 비슷한 일을 찾거나 아무 일이나 하겠다는 젊은 여자들을 채용해주기나 할까?"(『이것이냐 저것이냐』, 23쪽)

영원할 것 같은 현재에 짓눌린 사람은 시간이 영원하지 않아 절망하는 사람에게 깨달음을 준다. 예를 들면, 공격을 받은 후 충격에 시달리는 사람이라면 그때의 사건이 계속해서 떠오른다. 시간이 영원히 지속되는 느낌이다. 이때 절망스러운 것은 흘러가는 시간이 아니다. 마치 죽을 때까지 바위에 묶여 있어야 하는 프로메테우스처럼 고통스러운 이 시간이 영원히 계속될까 봐 두려운 마음이다.

"계속해서 절망에 사로잡힌 불행한 사람을 생각해보자. 이 사람은 7 더하기 6은 14라는 계산을 하며 가게 하나를 처분했다. 매일 다른 것에 무관심한 채 7 더하기 6은 14라는 공식을 계속 되뇌는 이 사람의 입장이 되었다고 매일 상상해보자. 그러면 영원성이라는 이미지가 떠오를 것이다."(『이것이냐 저것이냐』, 28쪽)

시간에 대한 관념은 주관적이다. 절망에 빠지면 '시간이 영원히 무한할 것 같은 느낌'이나 '현재가 영원할 것 같은 느낌'은 더 크게 다가온다. 하지만 절망한 상황이 아니라면 이 두 가지 개념을 들어도 웃어넘길 수 있다. 어떠한 상황에서도 극단적인 표현을 꼭 사용할 필요는 없을 것 같다. 그렇다고 이러한 표현에 아무런 의미도 없다는 뜻은 아니다. 출발점이 무엇이든 간에 무한과 유한, 현재의 유한한 시간과 영원불멸함이라는 표현을 어떻게 사용하느냐에 따라 절망의 종류도 다양할 수 있다니 대단하다. 절망은 절대로 그냥 생겨나는 것이 아님을 알 수 있다. 절망은 우리의 무의식 속에 내재된 불쾌한 기억을 내면화하는 과정에서 나타난다.

따라서 절망에 빠진 사람은 환자가 아니다. 적어도 절망은 질병이 아니다. 답답한 감정, 방향을 잃어 막막한 느낌, 시간을 허비하고 있다는 느낌, 인생에 별 의미가 없다고 느껴지는 기분이 든다 해도 지나친 비관주의도 아니고 불치의 병도 아니다. 절망을 하찮은 우울증으로 취급하고 싶다면 마음이 편한 상태를 '정상적인 상황'으로 보는 것이다. 이런 확신이 오히려 진정한 마음의 병이다. 개인으로서 자신의 상황을 제대로 받아들이지 못하는 상황에 놓여 있는 것이기 때문이다.

짚고 넘어가기

1   매우 불편한 상황에서 우리가 하는 말은 대체로 똑같다.
    알고 있는가? 절망하는 이유는 매우 다양할 수 있으나
    절망할 때 우리가 보여주는 태도는 거의 그대로다. 그리
    고 불편한 상황을 표현할 때 우리가 사용하는 말도 "답답
    해!" "물에 빠진 기분이야" "무엇을 해야 할지 모르겠어"
    "아무것도 달라지지 않을 거야!" 등 늘 똑같다.

2   인생이 답답하게 느껴진다면 잠시 앉아서 왜 이런 생각이
    드는지 생각해보자. 집안일 때문에 쉴 틈이 없는가? 일에
    치여서 숨 쉴 틈이 없는가? 자신만의 시간이 전혀 없는 것
    같은가? 아니면 특별한 일 없이 사는 것이 그저 무료해 답
    답한 것은 아닐까? 만일 누군가가 외출할 수 있게 배려해
    주고 잠시만이라도 바쁜 일에서 벗어나게 해준다고 생각
    해보자. 전화해주어야 할 친구들, 시내로 가기 위해 지나
    가야 하는 길, 매너를 위한 노력 등, 이렇게 누군가에게 감
    동적인 배려를 받는다 해도 어디를 가든 또 다른 구속과

새롭게 만나게 된다.

3   어린 시절의 자녀들이 품에 안겼던 순간이나 사랑하는 사람과의 첫 포옹으로 느꼈던 행복감 등 살면서 행복했던 순간들을 떠올려보자. 아련한 추억처럼 느껴질 것이다. 행복했던 추억은 그 자체만으로도 기분이 좋다. 하지만 동시에 그 시절은 다시는 돌아오지 않을 것이라는 생각 때문에 쓸쓸한 기분이 들기도 한다. "벌써 옛날 일이네!" 이 쓸쓸한 감정은 이어서 떠올리는 다른 생각에 밀려 사라진다. 연락이 끊긴 친구들, 솔솔 빠지는 머리카락, 아쉬운 순간 등으로 기억의 범위가 넓어진다. 물론 쓸쓸한 감정일 뿐 심각한 절망은 아니다. 하지만 쓸쓸한 감정과 심각한 절망은 강도만 다르다. 쓸쓸한 감정이라면 아주 오래가지는 않는다. "옛날 일이네······ 그런데 오늘 저녁에 텔레비전에서는 뭐 하지?"

Ⅱ
이해하기

**열정의
망각**

따라서 절망은 실존 문제를 깊이 고민하는 심리다. 예전부터 우울한 상태를 선호해온 예술은 실존 문제를 다룬다. 예술은 마치 절망 덕분에 인간이 좁은 시각에서 벗어나 상황을 전반적으로 생각할 수 있다고 여기는 것 같다. 우리가 절망하고 자책할 때 삶 자체를 생각한다는 것이다.

개인으로서의 자신을 받아들이려면 실존의 모순 속에서도 통찰력을 잃지 않아야 하지만 쉬운 일이 아니다. 유한성과 무한성 사이, 유한한 시간과 영원불멸 사이에서 번민하는 과정에서 발생하는 절망은 실존의 모순을 잘 보여준다. 하지만 이 과정에서 삶이 피상적이지 않고 강렬하고 깊어지기도 한다. "강렬한 삶", 누구나 이것이 무엇을 뜻하는지 잘 안다. 강렬한 삶은 온전히 자신의 삶, 개인으로서의 삶을 사는 일이다. 그리고 강렬한 삶은 '열정적으로' 사는 일이다. 그럴듯한 정의다. 열정은 인생을 강렬하게 살고 있느냐를 측정하는 기준이기도 하다. 열정은 모순을 견뎌가는 과정이라고 볼 수 있기 때문이다.

"어떻게 하면 인간을 열정적으로 만들 수 있을까 하고 자주 생각했다. 만일 사람을 말에 태워 말을 잔뜩 놀라게 해서 전속력으로 달리게 하면 열정이 살아날 수 있다. 가능한 한 빨리 어떤 목적지에 도착하고 싶은 사람(그래서 이미 어느 정도 열정이 있는 사람)을 겨우 걸을 줄 아는 말에 태워보자! 하지만 인생을 의식하려면 인생을 직접 경험해야 한다. 혹은 아무런 열정이 없는 사람을 늙은 말이 묶인 마차의 마부석에 태워 "이제 마차를 몰아보아요"라고 말하면 열정이 생겨나지 않을까 한다. 생각해보면 인생은 말과 동일한 것 같다. 현재의 삶은 늙은 말과 같고 기존의 인간은 마부와 같다."(『철학적 단편에 붙이는 비문학적 해설문』, 208쪽)

무엇 때문에 키에르케고르는 이처럼 열정을 불러일으키고 싶어 할까? 정확히 말하면, 누구나 모순이라는 부담이 힘겨울 때, 온전한 개인이 되고 싶을 때 열망하는 것이 있는데 바로 열정이다. 반대로, 삶의 열정이 적은 사람일수록 지금과는 다른 굉장한 존재가 되고 싶어 한다. 절망이 극복해야 할 괴로운 상태라면 우선적으로 치료해야 할 질병은 진정한 개인으로서 사는 법을 모르는 상태다.

하지만 진정한 개인으로서 사는 법을 모른다고 해서 우리 탓은 아니다. 우리 모두 열정을 품기 어려운 상황 속에 있다. 첫 번째 이유는 열정을 불러일으키기 힘들고, 나아가 열정을 잊게 되는 시대에 살고 있기 때문이다. 열정적인 삶을 원하는 사람들을 포함해 사람들 대부분이 자기 마음대로 어떻게 할 수 없는 일이다. 이렇게 해서 열정을 잊고 사는 일이 일반적인 현상이 되었다. 근대사회를 만들어간 큰 흐름이 이 상황의 원인이라고 할 수 있다. 17세기에 진행된 지식 혁명으로 탄생한 것이 근대성이기에 우리는 그에 관한 영향을 직접적으로 받은 사람들이다. 열정의 망각은 단순한 우연이 아니다. 우리가 부주의해서 열정을 깨닫지 못하는 것도 아니다. 탄탄한 시스템 안에서 철저하게 고안된 논리가 열정을 잊도록 부추긴다. 여기서 벗어나고 싶다면 논리를 이해해야 한다. 논리는 다음과 같다.

"세상이 발전하는 과정에서는 개성이 매우 중요해진다. (……) 하지만 우리는 개성을 막연히 추상적으로 이해하고 있어서 아직 구체적으로 개성을 실현하지 못한 상태다. 그렇기 때문에 개성이 두드러지면 다른 사람들로부터 오만하고 건방진 성향이라는 괜한 오해를 받는다."(『일기』, 8권, A, §9)

무대에서 보면 마치 근대성은 주체성을 당당하게 승리로 이끌어내며 주체성을 부정하는 모든 것과 맞설 권리를 가져다주는 것처럼 보인다. 하지만 무대의 이면을 보면 다르다. 근대성은 사람들이 온전한 개인이 될 수 없는 이유를 제대로 알 수 없게 교묘히 방해하고 개인으로서의 독립성을 추상적인 개념으로 만들기 위해 애쓴다. 이러한 상황에서 사람들은 온전한 개인이 되지 못한 채 마치 주체성을 가진 것처럼 뿌듯한 기분에만 취한다. 근대 인간은 시대의 산물이다. 근대 인간은 과거 시대의 인간과 달리 인위적인 삶에 쉽게 만족한다. 과거 시대의 인간은 인위적인 삶을 추상적으로만 알고 있었다. 사상의 역사가들은 근대성의 사조를 크게 세 가지 특징으로 묘사한다. 학문 분야에서 근대성은 '사유의 주체'를 강조한다. 얼핏 우리는 논리적인 존재처럼 생각하고 우리 스스로 참과 거짓을 판단하는 존재처럼 보인다. 하지만 실상, 우리는 마치 진실인 것처럼 믿도록 강요하는 권위의 논리에 굴복한 존재일 뿐이다. "용기를 내서 너만의 분별력을 사용해!" 철학자 임마누엘 칸트가 계몽

주의 사조에 붙인 좌우명이다. 이는 여전히 우리의 좌우명이다.

윤리와 종교 분야에서 근대성은 천국에서의 행복보다는 이승에서의 행복을 추구하라고 부추긴다. 인간은 더 이상 천국에서의 행복이 아니라 이승에서의 행복을 목표로 삼아야 한다는 것이다. 이를 위해 사람은 개인의 행복을 위해 열심히 노력해야 한다고 한다. 여기서 행복은 순탄한 인생을 살며 주류 계급인 '부르주아'의 가치를 목표로 하는 것과 동의어다.

끝으로 기술과 정치 분야에서 근대성은 완전히 자유로운 개인, 운명을 스스로 개척하는 개인을 강조한다. 데카르트의 표현을 빌리면 "자연의 주인이자 소유자"가 되어 자연을 마음껏 이용하고 싶어 한다. 정치적인 부분에서 데카르트는 자신이야말로 정해진 공동체 혹은 계보에서 벗어난 사람이라고 생각했다. 실제로 데카르트는 법률 계약을 기반으로 한 자유로운 단체만이 유일하게 합법적인 사회라고 생각했다.

이 세 가지 분야의 발전을 하나로 연결하는 것은 무엇일까? 분명한 개인의 선언을 제외하고 말이다. '생각하는 주체' '부르주아적인 소유자' '주체적인 개인'은 근대성의 세 가지 얼굴이다. 근대성은 열정을 부정하는 특징이 있다. 사유의 주체는 열정에 관심 없이 이성만을 추구해야 할 이상적인 가치로 본다. 부르주아적인 소유주는 지나친 열정보다는 합리적인 이익을 선호한다. 개인 지상주의에 빠지면 열정을 수동적으로 생각해 이러한 열정에서 벗어나는 것을 꿈꾼다. 동시에 우리 시대도 열정을 불필요하다고 생각하며 허상과 같은 삶을 추구하는 것이 맞는 길인 것처럼 사람들을 부추긴다.

사유의 주체에 관한 신화

열정은 우리가 개인으로서 얼마나 강렬한 삶을 사는지 측정하는 수단이다. 온몸을 다해서, 다시 말해 진정한 '자아'가 되어 열정적으로 살아본 적이 없다는 것을 깨닫게 되면 열정의 의미를 이해하게 된다. 열정이 있으면 진정한 자아로 존재할 수 있다. 열정이 있으면 근대 철학으로 미화된 허상인 사유의 주체가 아니라 "떠들썩한 살과 의식의 메아리 덩어리amas de chair bruyante et d'écho de conscience"*로 비유할 수 있는 진정한 자아로 존재하게 된다.

---

* 트리스탕 차라Tristan Tzara, 『근사적近似的 인간L'Homme approximatif』, Gallimard, 1968.

이성 대 열정

요즘 시대에 열정은 꼭 좋은 의미는 아니다. '사랑에 빠지면 눈이 먼다'는 격언이 대표적인 예다. 사랑의 열정에 빠진 남자가 어떻게 이성적일 수 있을까? 이유는 간단하다. 열정은 격렬하게 요동치는 감정과 생각을 한데 뒤섞어 판단력을 마비시키기 때문이다. 자식들을 열정적으로 사랑하는 어머니는 자식들을 객관적으로 판단하는 능력을 상실한다. 자식들을 지나치게 사랑해서다. 설령 객관적으로 판단할 수 있다고 해도 달라질 것은 없다. "우리 아들이 못돼먹었다는 것을 잘 알아요. 하지만 그래도 내 아이라 사랑합니다!" 한 여자를 열정적으로 사랑하는 남자는 친구들이 객관적으로 판단해 들려주는 이야기가 전혀 귀에 들어오지 않는다. 그에게는 사랑에 방해되는 말일 뿐이다. 열정에 휩싸이면 차분하고 객관적으로 생각할 수 없어진다.

그뿐만 아니라 열정에 사로잡히면 앞이 안 보여서 자칫 우리 자신까지도 잃을 수 있다. 치정살인이 대표적이다. 열정에 사로잡히면 이성적으로는 결코 할 수 없는 행동을 하게 된다. 피고인의 변호사가 제일 먼저 하는 변론도 여기에 초점이 맞추어질 것이다. "피고는 당시 제정신이 아니었습니다. 이성을 상실한 상태였습니다." 따라서 개인으로서의 존재도 좋지만 이성이라는 합리적인 틀 안에서 머물러야 한다는 주장이 나온다. 그렇지 않으면 답이 없다는 것이다! 자율적으로 행동하고 이성에 따라 행동하면 우리 자신에 가까워진다. 반대로 자율성이 부족한 사람은 미친 사람이다. 즉, 광기로 인해 자신을 잃은 사람, 마치 부모님의 지도가 필요하고 이성에 부족해 자립할 수 없는 아이처럼 다른 사람들의 권위에 기대야 하는 덜 떨어진 상태다. 즉, 자신을 잃은 사람이다.

따라서 인간은 이성을 통해 개인으로 성장한다는 논리가 펼쳐진다. "스스로 생각하는 용기를 가져라!" 칸트가 권고한 말이다. 칸트는 인간이란 자발적으로 합리적인 행동을 하는 개인이 되어야 한다고 생각했다. 합리적인 행동이 없다면 인간은 감정의 노예에 불과하다고 했다. 감정은 얼핏 친절한 보호자 같은 얼굴을 하고 있지만 우리가 여기에 속아 의존적이 되기를 은밀히 바란다는 것이다. 독립적인 자신이 된다는 것은 용기와 이성을 갖추고 다른 사람들에게 행동이나 생각을 기대지 않는다는 의미로 통한다. 실제로 우리는 무엇인가에 의해, 누군가에 의해 생각의 자유를 침해당하면 예민하게 반응한다. 자유로운 생각은 개인으로서의 존엄성을 결정하기 때문이다!

누군가에게 갇히거나 좁아터진 독방에 갇힐 수 있다. 끔찍한 상황이지만 개인으로서의 존재는 그대로다. 하지만 생각의 자유를 빼앗기는 것은 다른 문제다. 생각이 곧 개인이기 때문이다!

요즘 너무나 익숙하게 듣는 말이어서 당연한 상식으로 자리 잡혀 있다. 하지만 이 말은 역사적으로 만들어진 강력한 철학 중 하나다.

생각, 우리의 개성을 담는 보관함

모든 사람이 합리적으로 행동하도록 해야 한다는 생각은 새로운 것이 아니다. 예를 들면, 고대 그리스 시대의 철학자들은 우리 인간은 이성에 따라 살아야 한다고 앞을 다투어 강조했다. 이들 눈에는 욕망과 쾌락에 사로잡힌 인간만큼 딱한 존재가 없었다. 대신 분별력과 신중함을 보여주는 것은 지혜로운 인간의 자랑이자 철학자가 늘 되새겨야 하는 주문과 같은 것이었다.

하지만 철학자들은 더 멀리 나아가지 못한 채 이성의 관점에서만 인간을 파악하려는 노력은 하지 않았다. 철학자들은 인간이 이성을 사용하고 싶어도 언제나 육체의 격렬한 욕망에게 방해를 받아 초연하게 순수한 정신의 삶을 살 수 없고, 이것 때문에 절망한다고 생각했다. 따라서 철학자들은 인간에게는 '정신과 육체'가 같이 존재한다고 생각했다. 생각만 있는 것이 아니라 육체도 있다는 것이다! 다만 철학자들은 독립적으로 존재하는 정신과 육체를 어떻게 하면 차분하게 조화시킬 수 있는지와 그 토대를 마련하는 일을 어렵게 생각했다. 개인을 완성하려면 이성과 욕망을 대립시키는 것이 아니라 균형 있게 공존시켜야 한다고 보았다.

현대에 와서 새롭게 등장한 현상이 있다. 우리의 생각을 개인 고유의 특징을 담는 보관함으로 본 것이다. 현대인은 생각을 통해서만 개인임을 자각한다는 것이다. 육체는 우리에게 수동적으로 속해 있기는 해도 나름의 영향을 끼치기에 단순하게 바라보아서는 안 된다. 예를 들면, 상처가 나면 고통을 느낀다. 이렇게 해서 상처는 우리의 의식적인 생각에 어느 정도 영향을 끼친다. 그래도 우리 몸에서 일어난 현상(상처)과 우리 마음속에 일어난 것(고통 체감)은 분명히 구분된다. 이 경우 '우리'의 내면, 즉 '우리의 생각 속'에서 고통은 의식 속에 존재한다. 마치 여러분과 나와 같은 개인은 더 이상 '생각하는 주체'가 아니라 '사유하는 주체'처럼 보이게 된다.

생각하는 주체는 육체, 감정, 열정을 갖춘 구체적이고 독립적인 개인이다. 반대로 사유하는 주체는 생각 그 자체다. 생각이 진정한 주체가 되었다. 생각하는 주체는 생각하는 일 외에도 먹고 마시고 잠자고 걷는 등 다른 행동을 많이 하는 사람이다. 사유하는 주체는 개인이 곧 생각이다. 개인은 오직 생각을 통해 존재한다고 생각한다. 이렇게 보면 현재 우리가 왜 자발적인 생각을 매우 중시하는지 알 수 있다. 우리의 생각을 빼앗기는 것은 우리 자신을 빼앗기는 것이나 다름없다고 생각하기 때문이다.

생각이야말로 전혀 개인적이지 않다

우리의 개성을 부추기려는 방식이 희한하지 않은가? 우리가 갖고 있는 것 중에 생각이 가장 개인적이지 않아 그런 것인가? 물론 우리는 생각이 타인이 아닌 우리 자신에게서 나왔기 때문에 '개인적'이라고 한다. 하지만 우리의 생각을 강조하는 것은 사유의 주체가 되는 일이다. 즉, 우리는 생각할 줄은 알지만 정작 온전한 개인으로서 생각하지는 않게 된다. 이렇게 해서 우리는 이름 없는 사유의 주체로 전락한다.

　생각의 자유, 믿음의 자유를 달라고 집요하게 요구하는 사람이 자아가 강한 것은 아니다. 오히려 이제 막 배워가는 학생부터 최고로 박식한 학자까지, 서투른 것이 많은 신입생부터 최고 학벌을 자랑하는 대학교수까지 누구에게나 객관적인 생각(이성)을 가져야 한다고 강요하려는 욕망과 같다. 마치 모든 사람에게 '능력 증명서'를 나누어주고 이를 통해 상대방이 이성의 퍼레이드에 참가할 자격이 되는지 판단하려는 것 같다.

　"우리는 인간을 없앴다. 사색가는 자신을 인류라고 혼동한다. 인류에 의해 그는 대단한 것인 동시에 아무것도 아닌 존재가 된다. 그는 자신을 인류로 혼동하는 실수를 저지른다. 마치 야당 언론이 '우리'와 뱃사공들을 이야기하는 것 같다. '악마가 우리를 잡아간다.' (……) 그리고 인류가 되는 놀이를 할 수 있는 가게 주인이 하나도 보이지 않으면 인간이 되는 것 자체가 실내놀이를 하는 것보다 더 대단한 일이라는 사실을 알게 된다."(『철학적 단편에 붙이는 비문학적 해설문』, 83쪽)

사유의 주체와 익명의 대중

사유의 주체로 전락하면 우리가 당당히 요구하는 '나'가 모여 실제로 '우리'가 된다. 그리고 이러한 '우리'에서 근대성이 정치적으로 탄생했다. 개인이 사유의 주체로 전락하면서 우리가 익히 아는 현대의 대중사회가 출연한다. 이를 알아내는 데 큰 역할을 한 인물이 키에르케고르다. 그 어떤 철학자도 키에르케고르만큼 개인이라는 범주에 관심을 가진 적이 없다. 19세기쯤에 익명의 거대 대중사회의 출현이 가져올 위협을 예감한 철학자는 키에르케고르뿐이었다.

"우리가 있는 여기든 다른 곳이든 공산주의자들은 인권을 위해 투쟁한다. 나도 마찬가지다. 정확히 이런 이유로 나는 인간의 두려움으로 탄생한 횡포라는 존재에 맞서 힘껏 싸운다. (……)

기독교는 신을 파괴하려는 혐오 앞에서 몸을 떤다. 혐오는 신을 파괴하고 그 자리에 군중, 다수, 국민, 대중의 두려움을 심으려고 한다."(『일기』, Pap. VIII, A 598)

'군중' '다수' '국민' '대중'에 호소하는 것은 현재 정치계에서 흔히 사용하는 방식이다. 군중, 다수, 국민, 대중이라는 용어 사이에는 차이점이 있으나 많은 수의 무리, 획일적인 무리가 된 개인들을 가리킨다는 점에서는 공통점이 있다. 여론조사 담당자가 여러분에게 다가오는 이유는 여러분이 개인적으로 어떤 부류에 속하는지 궁금할 뿐 그 외의 이유는 없다. 여론조사 담당자는 여러분을 '근로자' '임원' '학생' '50세 이하 주부' 등과 같은 부류로 넣을 뿐이다. 다양한 부류 중 하나로 넣는다. '프랑스 국민'은 프랑스 사회와 다르다. 다양한 개성이 어우러진 모자이크 같고 각자에게 주어진 역할과 책임감이 세세히 융화되는 프랑스 사회와 달리 프랑스 국민은 전체로 묶인다. 국민은 하나같이 구분이 안 되는 익명의 시민 다수다. 더 이상 개성 있는 개인들이 아니라 점점 더해지는 목소리일 뿐이다.

개인들이 이처럼 불특정 다수 상태로 전락하면 정말 위험하다. 개인들이 디지털 공간에서 익명성을 얻으면 책임감이 없어진다. 내가 특별한 존재가 아니라면 아무 책임도 없어진다. 익명의 네티즌이 게시판에서 저속하고 공격적으로 행동하는 이유다. 실제로 얼굴을 드러내놓아야 하는 상황이라면 절대로 하지 않을 행동이다. 심리학자들도 잘 아는 현상이다. 친절한 개인도 불특정 다수에 녹아들면 자제력을 잃을 수 있다. 개인이 고유의 개성을 잃게 되면 자신의 행동에 책임감을 느끼지 않는다. 익명의 다수로 이루어진 서포터들 가운데 무절제한 모습을 보여주는 사람들이 좋은 예다. 이러한 성향은 다음과 같이 설명할 수 있다.

"위험이 무엇인지 알고 싶은가? 그렇다면 평소에 선량한 사람들이 대중이 되는 순간 완전히 달라지는 모습을 지켜보면 된다. 평소 성실한 사람들이 무기력하게 다른 사람들을 보며 '정말 창피하게! 이런 행동이나 말을 하다니 불쾌해!'라고 말하면서 정작 자신들은 도시와 시골을 잡담으로 채우는 모습을 지켜보면 된다. 자비심 넘치던 사람들이 평소에 정신없다고 생각하는 대중이 되는 순간 얼마나 무신경해지는지 지켜보면 된다. 이러한 것이 늘어나 결국 괴물이 탄생된다."(『작품해설집』, 40쪽)

열정은 개인을 보호한다

익명의 대중에게서는 좋은 것이라고는 나올 수가 없다. 단체의 행동이 가치를 지니려면 각자 온전한 개인적으로 참여할 때뿐이다. 레지스탕스들이 지닌 가치를 생각하면 된다. 레지스탕스들은 공동의 이상을 위해 싸우겠다는 의식으로 묶여 있지만 죽음 앞에서는 각자의 방식으로 행동한다. 각자 목숨은 자신이 책임진다. 스스로 대처해야 하니 열정적으로 참여할 수밖에 없다. 레지스탕스에게는 익명의 다수가 아니라 전우들이 중요하다. 레지스탕스는 연대 의식을 믿을 뿐, 연대 의식에 기대 부족한 동기를 찾으려 하지는 않는다.

반대로 대중은 지금 당장 행동하는 데 필요한 에너지를 개개인들에게 나누어준다. 열광하는 무리들 사이에 있다 보면 다른 사람들의 감정에 옮아 자신도 다수 중 하나가 된 기분이다. 갑자기 최루탄 터지는 소리가 나면 대중은 흩어지고, 그 순간 갑자기 정신이 든 개인은 사태를 파악하고 몸을 피해 도망간다. 감정은 열정과 다르다. 감정은 다른 사람들과 동조하는 방법이고 열정은 특정 명분에 헌신하는 자아의 존재를 단단히 보호하는 방법이다. 열정은 개인으로서의 정체성을 받아들지 못하게 방해하지 않는다. 오히려 그 정체성을 보호해주는 유일한 방패막이다.

"특정 사상에 열정을 품는 개인들(개별적인 각자)은 함께 모여 그 사상에 집중한다. 이때의 개인들은 완벽하고 정상적인 상태다. 개인들은 사상과 관련한 부분에서는 합심하지만 개인으로서의 독립성(온전한 개인으로 남아 있다)은 지킨다. 개인으로서의 독립성을 지키는 이유가 있다. 개인들이 모여 다수가 되면 무례해지기 때문에 이를 미연에 방지하고 고귀한 순수성을 획득하기 위해서다. 개인들이 대중이 되면(즉, 내면의 개인으로서의 독립성이 사라지는 존재가 되면) 폭력, 무질서, 방탕함만 남을 뿐이다."(『문학보고서』, 183쪽)

짚고 넘어가기

1 다른 사람들 앞에서 개인으로서의 독립성을 어떻게 표현
   하는가? 자신이 원하는 것을 말하거나 개인 의견을 이야
   기하는가? 흥미도 없고 잘 모르는 주제가 대화로 나와도
   자신만의 입장을 취해야 한다고 생각하는가? 그 이유는
   무엇인가?

2 사람들이 많이 모이는 축제에 참가한 적이 있는가? 무언
   가 거대한 것에 녹아들어가는 느낌이 들지 않는가? 마치
   독립적인 개인으로서 존재하던 여러분이 강력한 물길에
   휩싸여 군중과 감정을 공유하는 느낌이 들지 않던가? 그
   다음 날 잠에서 깨면, 전날의 축제에서 느꼈던 흥분이 여
   전히 남아 있는가?

3 여러분 각자 믿고 있는 기본 가치가 있을 것이다. 평등을
   예로 들어보자. 경제 불평등을 매우 중요한 문제로 보고
   있다고 가정해보자. 평소에는 이와 같은 신념을 공개적으

로 외칠 준비가 되어 있다고 해보자. 그런데 내일 쥐꼬리만 한 월급을 받아야 하는데 그 앞에서 당당하게 "아니요, 됐습니다. 제게는 너무 적은 월급입니다"라고 대답할 용기가 있는가?

객관적인 지식에 대한 환상

우리는 평범한 이성을 갖는 것으로 만족하지 않는다. 평범하고 객관적인 이성을 활용해 특별한 지식을 쌓고 싶어 한다. 그래서 열정을 잊으면 개인들만 불행한 것이 아니라 지식 분야도 난감한 결과를 맞는다. 그저 객관적이기만 한 지식은 우리의 삶과 더 이상 관계가 없는 '끔찍한 인식'으로 전락할 뿐이다.

열정은 지식의 반대말이 아니다

앞서 열정적인 사랑에 빠지면 객관적이기 힘들다는 내용을 살펴보았다. 이에 따라 눈을 멀게 하는 열정은 지식에 도움이 되지 않는다고 결론을 내릴 수 있다. 하지만 지나치게 섣부른 결론이다. 사랑에 빠진 여성은 연인이 바람피운다는 의심을 하는 순간 갑자기 통찰력이 생긴다! 심지어 투시력마저 생긴다. 무엇 하나 놓치지 않고 아무리 작은 것도 그냥 넘어가지 않으며 세공사처럼 꼼꼼하게 감정한다. 사랑의 열정이 호기심의 열정이 되는 순간이다. 궁금한 것을 알아내기 위해 여자는 맹목적인 사랑의 열정을 급히 잠재운다. 그렇다고 열정과 이별한 것은 아니다. 오히려 그 반대다. 이번에는 호기심의 열정에 몸을 맡긴 것이다. 궁금한 것을 알겠다는 일념에 몸과 마음을 바치다 보니 여자는 노련한 수사관도 놀랄 정도로 재빨리 진실을 알아낸다. 호기심의 열정이 없었다면 여자가 이렇게 효과적으로 생각을 동원하지 못했을 것이다.

무엇인가를 알고 싶다는 의지가 있다고 주체성이 사라지지는 않는다. 하물며 열정은 더 그렇다. 객관적인 지식을 얻겠다는 의지가 주체적인 생각을 하겠다는 열정적인 노력과 만나면 가치는 높아진다. 결국 진정한 호기심의 열정에서 나오는 지식만이 진정한 지식이 될 수 있다. 오히려 학교나 다른 곳에서 학습하면서 암기하기만 했을 뿐 진정으로 내 것으로 만들지 못한 지식은 진정한 지식이 아니다. 그저 갖고 있다고 착각하는 거짓 지식이다.

"결국 이성이란 희한한 존재다. 무엇을 보더라도 온갖 열정을 갖고 바라보면 천지를 뒤흔들 수 있을 정도로 거대하게 다가오지만 열정 없이 바라보면 하찮게 다가온다."(『이것이냐 저것이냐』, 29쪽)

우리 사회는 이처럼 은밀한 악순환에 갇혀 있는 것인지도 모르겠다. 우리는 무의식중에 지식 경제를 만들었다. 엄청나게 노력해 지식 경제를 구축했지만 열정이 제거된 지식 경제는 허울뿐이다. 키에르케고르도 이와 같은 역설점을 지적했다. 우리는 그 어느 때보다 많은 것을 배웠지만 정말로 무엇을 아는지 잘 모른다는 것이다. 학교 과정을 마친 청소년은 꽤 많은 것을 배웠다고 생각한다. 하지만 졸업장을 따자마자 머릿속에서 사라져버린 지식이 얼마나 많은가? 학생이 이 지식들을 '하찮게' 보았기 때문이다. 학생에게 무조건 깔때기에 액체를 붓듯 수많은 정보를 주입하기만 하면 지식으로 흡수할 것이라고 생각하는가? 한 번쯤 의심해보아야 한다. 아무리 많이 배우고 교양을 쌓아도 여전히 모르는 것이 많지 않은가? 다만 이러한 무지함을 인식하지 못할 뿐이다.

객관적인 지식은 아무런 확신도 주지 않는다
보편적인 가치가 있는 진실도 완전히 흡수하지 못한다면 의미가 있을까? 객관적인 지식에만 만족하면 특정 사상은 진정한 사상처럼 매력 있어 보일지도 모른다. 그런데 정작 지식 그 자체는 대단하지 않다. 확실한 진실처럼 보이는 것도 의심해볼 수 있다. 예를 들면, 아르키메데스의 원리는 진실이고 아무런 의심이 없다고 생각한다. 하지만 물에 잠긴 몸에 관한 다른 법칙이 더 중요하게 와 닿을 수도 있다. 마찬가지로 지구가 태양 주위를 도는 이유를 분명히 알지만 조금 더 그럴듯해 보이는 반대 가정이 있으면 그 가정에도 관심을 가질 수 있다. 즉, 확실하게 보이는 진실이라 해도 우연히 발견된 여러 평범한 진실 중 하나일 수 있다. 절대적으로 유일한 진실은 아니다.

"우리 시대를 일반화시켜 이야기하고 싶지는 않다. 하지만 지금의 세대를 관찰하면 불안감으로 근심과 걱정을 달고 다닌다. 진실은 오직 한 방향으로만 성장하고 한 방향으로 팽창해 추상적으로 느껴질 정도다. 그에 비해 확신은 줄어든다. 부인할 수 있을까?"(『불안의 개념』, 310쪽)

객관적인 지식이 아무리 뛰어난 근거를 지니고 있어도 확신을 만들어내지는 못한다. 객관적인 지식은 열정 없는 지식이다. 지식이 확신으로 승화되려면 알고 싶다는 열정에 온 힘을 쏟아야 한다. 그래야 '유레카!'가 저절로 나올 수 있다. 유레카라는 외침에는 몰입이 느껴진다. 개인은 몰입을 통해 진실을 발견할 때 제대로 결정할 수 있다. 유레카! 객관적이고 중립적인 마음에서 나오는 무덤덤한 결론이 아니다. 열정에 사로잡힌 개인이 오랫동안 추구해온 진실과 마침내 만나게 될 때 느끼는 흥분이다. 아이가 중요한 것을 이해하게 되었을 때 기쁨과 뿌듯함으로 눈을 빛내는 모습을 상상하면 된다. 유레카 상태에서 얻을 수 있는 유용한 교육적인 조언을 소개해보려 한다.

"교육에서 중요한 것은 아이가 이것저것 배우는 것이 아니다. 정신이 성숙해지고 에너지가 깨어나는 것이 중요하다. 지적인 것이 훌륭하다고 자주 이야기하는데 교육의 참된 중요성을 부인할 것인가? 우리가 그것을 원하면 자신만의 방법으로 이룰 수 있을 것이다. 인간에게 에너지와 열정을 주자. 그러면 그 사람은 온전한 존재가 된다."(『이것이냐 저것이냐』, 545쪽)

객관적인 지식이 하찮아지는 순간

우리와 직접 관계되는 것을 알아야 할 때 열정을 잊으면 가벼워진다. "인간은 언젠가 모두 죽는다." 틀린 말이 하나도 없어서 곧바로 객관적인 진실이라고 생각할 수 있다. 잘 알려져 있듯이 모든 인간은 죽는다. 이성적으로 보면 당연히 맞는 말이다. 그런데 저녁식사에 초대한 손님이 우리 인간은 모두 죽을 것이라는 생각에 동의하지 않는다고 상상해보자. 분명히 여러분은 그 손님이 미쳤거나 이성을 잃었다고 생각할 것이다. 이성적이 되려면 진실을 찾겠다는 마음만 있어야 하기 때문이다. 이성적인 사람은 자신의 의견이 객관적으로 타당한가에만 관심 있다. 이런저런 것을 믿는 것이 옳은지, 믿지 않는 것이 옳은지의 여부만이 중요하다. "제 생각은" "제 생각을 말씀드리면" "분명히 확신하지만" "제 의견으로는" "제가 보기에는" 등, 우리가 말을 시작할 때 이런 추임새를 얼마나 많이 사용하는가? 이성적인 사람은 완벽한 결론에 도달해야 만족한다. 목표가 달성되면 그 이상 생각하려 하지 않는다. 이성적인 사람은 무엇인가를 생각할 때 분명하거나 타당한 판단을 내리는 것만이 목적이다. 목적을 이루면 거기서 생각을 멈춘다.

반면, 단순한 사유의 주체가 아니라 진정으로 생각하는 사람이 되어야 그 자체만으로 빛나는 진실을 얻을 수 있다. 일반적인 사람이 아니라 내게 언도된 사형선고를 바라보는 일, 나는 곧 죽을 것이고 살날이 얼마 남지 않았으니 살아 있는 매 순간을 머리 위에 매달린 다모클레스의 검처럼 생각해야 한다는 것을 받아들이는 일, 지식을 수동적으로 받아들이지 않겠다고 결심하는 일, 처음에는 객관적인 진실에서 출발하지만 명상에서 볼 수 있는 인내로 나만의 진실을 이끌어내겠다고 다짐하는 일이 필요하다.

'죽음을 생각하는 것'은 일반적으로 사람이 죽는다는 추상적인 생각을 떠올리는 것과 다르다. 열정을 갖고 주체적인 생각을 하도록 노력하고 인내해야 한다. 그렇지 않으면 요즘 지식처럼 끔찍하게 하찮은 것으로 전락한다. 요즘 사람들은 지식을 주체적으로 수용해 완전히 자신의 것으로 만들지 않는다.

"고통과 괴로움이 얼마나 많은지도 인내가 얼마나 대단한가와 마찬가지로 암기로 외워서 배운다. 모두 암기한다. 자기 의견을 표현해 상황을 복잡하게 만드는 사람은 문제아 혹은 바보로 취급받는다. 우리는 모든 것을 안다고 착각한다. 이렇게 아는 것으로 끝나지 않아야 한다. 이를 위해서는 단순히 아는 것만으로는 아무것도 만들어낼 수 없다고 생각해야 한다. 외부 지식의 도움을 받아 환희에 잠긴다. 그렇다. 우리는 시저가 알렉산더의 도서관을 전부 불태웠다는 사실을 떠올리며 안심할 때가 있다. 어쩌면 인류가 기존의 과도한 지식에서 벗어나 인간다운 삶에 대해 새롭게 알아가기를 바라는 순수한 의도가 우리에게 있을지도 모른다."(『철학적 단편에 붙이는 비문학적 해설문』, 170쪽)

짚고 넘어가기

1   전에 치렀던 바칼로레아 시험을 다시 생각할 수 있는가? 그렇다면 시험 점수는 몇 점 나올 수 있을까? 점수가 잘 나오지 않을 것 같다는 생각이 들 수도 있다. 그런데 바칼로레아를 위해 공부한 지식은 평생 가지 않는다는 생각이 들지 않는가? 많이 배우면 기초 교양이 오랫동안 쌓이는가?

2   배우고 교양을 쌓고 싶은가? 교양을 쌓아서 정확히 무엇을 하고 싶은가? 왜 끝없이 새로운 것을 배우면 기분이 좋은가? 아는 기쁨 때문인가, 아니면 정보를 얻었다는 기쁨 때문인가? 이 질문에 대답하려면 간단히 이것만 생각하면 된다. 새로운 것을 많이 배워 기쁘지만 이렇게 배운 지식 중 오랫동안 공들여 알아낸 것이 있는가? 없다면 진정으로 알고 싶은 마음에서 배운 지식이 아니다.

3   이번 장을 읽고 나서 키에르케고르의 처방에 동의할지도 모르겠다. 그렇다면 다행이다. 하지만 그다음은? 이렇게

동의했다면 개인적으로 무엇을 할 것인가? 행동 방식이나 보는 관점을 근본적으로 바꿀 마음이 있는가? 아니면 단순히 아는 것만으로 만족할 것인가? 배우고 알기만 하면 되는 것인가?

4 여러분은 수동적인가 적극적인가? 왜 그렇게 생각하는가? 솔직해지자. 어떤 생각을 이야기할 때 정말로 여러분의 생각인가, 아니면 전문가의 말을 참고한 것인가? 그렇다면 어떤 면에서 여러분의 생각이 진정한 여러분의 생각이라고 할 수 있는가?

완전한 행복 포기

깊이 생각하는 삶을 살아야 무한함과 영원불멸함을 느낀다. 이러한 느낌 없이는 열정도 없다. 하지만 우리의 삶은 틀에 박힌 시스템 속에서 쳇바퀴를 돌고 있기에 이러한 느낌을 갖기가 힘들다. 따라서 열정과 개성을 망각하면 또 다른 문제가 생긴다. 복잡함에서 벗어나 자기 행복만을 추구하게 되고 완전한 행복이 주는 매력을 보지 못한다.

모든 열정의 중심은 사랑

일에 '열정적인' 남자, 온라인 게임에 '열정적인' 청소년, 특정 명분을 위해 '열정적으로' 싸우는 군인, 문학에 '열정이 있는 아이'…… 일상에서 흔히 볼 수 있는 열정이다. 이 모든 열정 사이에 있는 공통점은 무엇일까? 사랑과 비슷한 열정이라는 공통점이 있다. 일에 열정적인 남자는 자신의 일을 '사랑'한다. 마찬가지로 청소년은 온라인 게임을 '사랑'하고 군인은 추구하는 명분을 '사랑'한다. 따라서 우리가 품은 모든 열정은 사랑, 그중에서도 과도한 사랑이라고 할 수 있다.

실제로 일이든 활동이든 물건이든 사람이든 한 가지를 열정적으로 사랑하는 것은 애정이 있어서다. 열정이 커질수록 사랑도 특별해진다. 어머니가 아이에게 느끼는 사랑, 연인이 상대방에게 느끼는 사랑을 생각하면 된다. 자신의 일을 열정적으로 사랑하는 남편을 보며 아내는 남편이 '일과 결혼했다'고 할 것이다. 남편이 일을 연인 다루듯 하기 때문이다. 한 여자를 사랑하는 데 다른 것을 하지 못할 정도로 희생이 지나치게 많이 따른다면 그 사랑을 포기할 수 있다. 사랑하는 대상은 꼭 사람만 있는 것은 아니다.

따라서 열정을 품을 수 있는 능력은 사랑할 수 있는 능력과 관계된다. 사랑이 무엇인지 모르는 사람은 열정적인 것이 무엇인지 알 수 없다. 열정의 방향은 사랑하는 방식에 달려 있다.

"사랑의 믿음을 흔드는 것이나 무한성을 없애는 것이나 열정의 믿음을 흔드는 것이나 모두 똑같다. 시에 열정을 느끼면 세상의 유한함을 느끼며 정치를 비판적으로 바라본다. 정치에 무한한 열정을 느끼면 고대의 영웅 같은 존재가 탄생할 수 있다. 고대에는 사랑의 믿음이 존재했다. 무한함의 세상에서는 단 한 번의 삐끗거림에도 모든 것에 죄책감을 느낀다."(『인생길의 단계』, 470쪽)

연인 관계의 문제, 커플의 문제 혹은 부모 사랑의 문제가 왜 키에르케고르의 이론적 사상에서 중심적인 위치를 차지하는지 설명하는 대목이다. 놀랍게도 지엽적인 부분이 아니다. 사랑은 중심이고 그 주변에 열정이라는 은하수가 뱅뱅 돈다. 사랑은 순수한 열정을 나타낸다. 우리 삶에 열정이 있는지 알아볼 수 있는 기준은 아주 간단하다. 특별히 오랫동안 강렬하게 몰두해본 적이 있는 물건, 활동 혹은 사람은 무엇인가? 축구에 열정적인 남자는 축구가 인생에서 차지하는 비중을 보았을 때 어쩌다 저녁 경기에서 응원하는 사람과는 다른 열정을 보여준다. 축구에 투자하는 시간, 중요한 경기를 절대로 놓치지 않기 위해 쓰는 비용, 축구 생각을 하루 종일 하며 다른 이야기는 할 줄 모르는 태도가 이를 잘 보여준다. 진지한 사랑이 동반되지 않은 열정은 일시적인 변덕이 된다.

열정적인 사랑이 주는 부담

열정은 몸과 마음을 전부 바치는 일이다. 따라서 모든 열정은 자연히 절대적이다. 살면서 여러 가지에 열정을 가질 수는 없다. 진정한 열정은 오직 하나의 대상에만 집중한다. 이렇게 보면 커다란 열정은 고행과 비슷하다. 열정이 생기면 모든 것을 희생하게 된다. 위대한 교수는 오직 강의를 위해 살고 위대한 예술가는 오직 예술을 위해 산다. 작가에게는 글쓰기 외에는 없다. 가족을 포함해 모든 삶도 열정의 대상 앞에서는 부수적이다. 글 쓰는 일에 열정이 있으면 인생에서 가장 사랑하는 일은 글쓰기가 된다.

몸과 마음을 바쳐 무엇이든 하나에 몰두하면 엄청난 에너지가 동원되기 때문에 놀랍게 보인다. "열정이 없었다면 이 세상의 그 어떤 위대한 것도 이루어지지 않았다." 헤겔의 말이다. 나폴레옹이 유럽을 정복하겠다는 내면의 열정을 품지 않았다면 지금의 나폴레옹은 탄생하지 않았을 것이다. 모차르트가 재능을 불태우지 않았다면 이렇게 위대한 작곡가가 되지 못했을 것이다. 하지만 행복이라는 입장에서만 보면 이와 같은 열정은 부담스러워 보인다. 열정이 현재를 살아가는 데 방해가 될 것만 같아서다. 신중함과 행복을 중시하는 관점에서 보면 열정은 곤란한 존재다. 열정은 모든 균형 감각, 모든 엄격한 계산을 버리는 광기어린 욕망으로 보이기 때문이다. 사랑에 빠지면 계산하지 않는다. 열정적인 사랑에 빠졌을 때는 더욱 그렇다. 말 그대로 어떤 명분이나 어떤 것에 자신을 불태우면 모든 것을 바쳐야하기에 위험할 수 있다. 열정은 당연히 하나에 초점이 맞추어지고 모든 것을 부수적으로 만들기에 균형을 찾기 힘들다. 열정에 빠진 사람은 모든 것을 희생할 수 있는 편집광처럼 된다. 온라인 게임에 열정적인 아이들을 생각해보자. 아이들은 오랫동안 모니터에서 떨어져 있으면 귀중한 시간을 잃을까 두려워 먹지도 않는다.

따라서 행복의 경제학은 열정을 어느 정도 자제하라고 조언한다. 부부 컨설턴트들도 행복을 다루는 철학자들과 마찬가지로 지나치게 독점적인 사랑은 위험하다고 경고한다. 사랑에 서투른 젊은이들 중에서는 마치 플라톤이 말한 사랑의 반쪽 신화를 동경하듯 사랑의 감정에 모든 것을 쏟아 붓는 경우도 있다. 플라톤이 말한 사랑의 반쪽 신화 이야기는 이렇다. "옛날에 사람은 동그란 모양이었다. 두 팔과 두 다리 대신 네발과 네 팔, 머리 두 개로 이루어졌다. 두 사람이 한 몸이었으니 지금의 모습에 비해 모든 것이 두 배 더 많았다. 하지만 인간의 오만함에 질린 제우스는 인간을 세로로 갈라버리기로 한다. 이렇게 해서 원래의 인간은 두 개의 개인으로 분리되었다. 하지만 인간은 잃어버린 반쪽을 계속 그리워하게 되었다. 그 후로 "인간마다 반쪽을 그리워하며 다시 그 반쪽과 결합하기 위해 노력하게 되었다".*

이 환상적인 이야기는 열정적인 사랑이 무엇인지 정확히 보여준다. 열정적인 사랑은 무엇보다 상대방에게 절대적으로 의존하는 결합형 사랑이다. '원래의 반쪽' 없이 우리는 아무 존재도 아니고 불완전한 존재라고 생각한다. 따라서 열정적인 사랑은 우리를 독립적으로 만들지 않고 오히려 독립성을 빼앗아 온전한 개인이 되지 못하게 한다. 진정한 개인은 오직 커플이라는 것이다. 반쪽을 찾지 않으면 우리는 아무것도 아니게 된다. 이별한 많은 커플이 참을 수 없이 괴로워하는 것은 수년간 네 발로 걸었다고 생각했는데 이제는 두 발로만 걷는 법을 다시 배워야 한다는 생각 때문이다.

열정적인 사랑은 우상숭배 같은 사랑이기도 하다. 상대방을 잃어버린 낙원의 꿈으로 생각해(사랑의 반쪽 이미지) 포기할 수 없는 것이다. 상대방이 전부라고 생각해 숭배한다. 이렇게 눈에 콩깍지가 씌는 것은 오래갈 수가 없다. 당연히 사랑 소설은 은근슬쩍 아름다운 결혼식으로 끝난다.

---

*   플라톤, 『연회Le Banquet』.

"연애 소설은 시작점이 되어야 하는 부분에서 엔딩을 맞이하기 때문에 해롭고 위험하다. 다양한 역경을 극복한 두 연인이 마침내 서로 포옹하고 막이 내리면서 이야기가 끝난다. 독자는 그 후의 이야기를 들을 수 없다. 사랑을 처음 시작할 때에는 용기와 지성을 동원한다. 단 하나의 사랑이라고 생각해 이를 쟁취하고자 온 힘을 다해 싸울 수 있는 준비가 되어 있다. 하지만 사랑을 쟁취하면 서서히 사랑에 싫증이 난다. 이를 극복하려면 절제, 지혜, 인내가 필요하다. 사랑이 처음 시작되어 불꽃이 튀면 사랑을 얻기 위해 넘어야 하는 어떤 장애도 두렵지 않다. 하지만 장애물이 사라지고 나면 또 다른 장애물이 생겨난다. 자연히 그렇지 않을까? 처음에는 집중하다가 위험이 사라지는 순간 앞으로 벌어질 일은 빤하게 느껴진다."(『이것이냐 저것이냐』, 360쪽)

막이 내리면 그다음 이야기는 경험상 어떻게 될지 잘 안다. 사랑 다음에는 실망이 뒤따라온다. 사랑 옹호자들은 사랑을 비판하는 사람들에게 손을 내민다. 사랑이라는 광기어린 무도회에서 아직 갈등을 경험하지 못한 사람들은 황홀한 열정을 품고 있다. 반면에 이미 이 모든 것을 경험한 사람들은 냉소적이다. 연애에 지나친 희망을 품으면 필연적으로 그에 못지않은 실망이 따라오게 되어 있다.

"많은 남자가 젊은 여자 덕분에 천재가 되고 영웅이 되고, 시인이 되고 성인이 되었다. 하지만 젊은 여자와 결혼한 남자는 천재 대신 고위공무원이 되고, 영웅 대신 평범한 장군이 되고, 시인 대신 아버지가 되었다."(『인생길의 단계』, 72쪽)

우정 같은 사랑 대 열정적인 사랑

결국 열정적인 사랑은 그리스의 철학자들에게나 지금의 우리들에게나 부담스러운 존재로 다가온다. 행복의 관점에서 보면 그럴 수 있다. 그래서 우리는 열정적인 사랑에 빠지기보다는 기대를 많이 하지 않아도 되고 절도 있는 사랑을 선호한다. 행복학은 열정적인 사랑을 버리고 조금 더 편안한 우정 같은 사랑에 빠지는 편이 낫다고 조언한다. 우정 같은 사랑은 무엇인가? 뜨거운 열정은 없지만 상대방을 '인생 단 하나의 사랑'보다는 인생의 동반자로 보는 사랑 방식이다. 감정을 절제해 좋은 것만을 취한다.

우정 같은 사랑이 오래가기는 한다. 안정적인 커플을 보면 우정 같은 사랑을 하는 경우가 많다. 우정 어린 사랑을 하는 커플은 마치 친구처럼 서로에게 애정이 있고 서로에 대해 모르는 것이 없으며 편하게 잠을 잔다. 열정을 묻어두고 행복한 커플로 살 수 있는 바람직한 방법이다. 커플은 마음이 잘 통해서 오래가고 좋은 친구로 남고 싶어 한다. 친구는 장단점 모두 서로 있는 그대로 사랑하는 미덕을 보이기에 더욱 그러하다. 우정은 서로에 대해 알아가며 애정을 키우지만 열정적인 사랑은 환상이 깨지면 지속되기 힘들다.

우정 같은 사랑은 떨어져 있어도 쉽게 무너지지 않는다. 친구는 아무리 멀어지고 보지 않아도 늘 친구로 남아 있다. 우정은 사랑처럼 독점적이지 않다. 두 친구는 약속이라도 한 듯이 서로 떨어져 있다고 해도 배신당했다는 생각이 들지 않는다.

"그녀는 어느 정도까지는 함께 살 수 있다고 생각하지만 행복을 가져다줄 수 있는 더 나은 대안이 있다면 그 선택을 하고 싶다. 그녀는 새롭게 혼인신고를 하려고 한다. 시청에 이전 결혼 생활이 끝났고 새로운 결혼을 했다고 알리기만 하면 된다. 주소를 옮길 때 하는 신고처럼 간단하다."(『이것이냐 저것이냐』, 364쪽)

이혼을 냉소적으로 비판하는 키에르케고르의 글이다. 그렇다고 키에르케고르가 결혼의 끔찍한 모순을 부정하는 것은 아니다. 오히려 그 반대에 가깝다. 이혼은 결혼에게 위협적이라기보다는 부부가 조금 더 애정 관계를 지속할 수 있는 해결 방법으로 소개된다. 하지만 그렇지는 않다. 키에르케고르는 이런 환상을 비판하는 것이다.

　열정적으로 사랑하는 사람은 자연스럽게 결혼을 생각하고 결혼에 골인한다. 엄숙한 결혼 서약 앞에서 신랑과 신부는 감동의 눈물을 흘린다. 결혼 서약은 서로 평생 사랑하겠다는 열정적인 사랑을 표현할 때 가치가 있다. 진지한 맹세(죽을 때까지 사랑)는 열정을 보여주는 척도가 된다. 결혼을 언제든 해소 가능한 계약서로 전락시키는 것은 진정한 결혼이 아니라 합의에 불과하다. 어쩌면 결혼은 열정적인 사랑을 단념하는 현실적인 행위인지도 모르겠다. 열정적인 사랑을 포기하지 않는 대신 결혼을 포기하는 일도 있다. 마치 영원한 사랑을 얻은 것 같은 코미디를 찍느니 아무것도 약속하지 않는 편이 낫다는 결론에서다.

"믿을 것은 무엇인가? 모든 것은 변할 수 있다. 내가 너무도 사랑하는 상대방도 변할 수 있다. 이미 아는 일 아닌가? 어찌 되었든 내가 꿈꾸었던 이상적인 사람과 결혼은 할 것이다. (……) 이런 생각은 10년 된 커플이나 5년 된 커플은 거의 하지 않는 생각이다."(『이것이냐 저것이냐』, 366쪽)

황홀하고 싶은 욕망을 품는 열정적인 사랑
행복의 입장에서 보면 열정은 미래를 향해 나아가는 데 방해가 된다. 오히려 열정이 절제될수록 이익을 얻을 수 있다. 따라서 사랑보다는 우정이다. 최종적인 결혼보다는 수정할 수 있는 계약서다. 행복의 입장에서 보면 깊은 열정은 도움이 되지 않는다.

열정을 부정하면 모든 것이 해결될까? 그렇지 않다. 위대한 사랑은 자기계발이라는 잣대로 판단하면 안 된다. 로미오와 줄리엣의 사랑이 비극적이라 해도 우리는 그 사랑을 대단하게 생각하며 부러워한다. 그런데도 이와 같은 위대한 사랑이 행복을 가져다주지 않는다면 그 이유는 무엇일까? 대답은 간단하다. 열정은 행복에 관심이 없기 때문이다. 모차르트가 행복해지고 싶었다면 음악 작업에 그렇게 매달리지 않았을 것이다. 나폴레옹이 행복해지고 싶었다면 집에 조용히 있었을 것이다. 하지만 나폴레옹과 모차르트는 행복에 관심이 없었다.

왜 그럴까? 우리의 의지와 상관없이 절대적인 것을 갈망할 때 열정적이 된다. 마음 편한 행복은 소심한 타협일 뿐이다. "나도 개들처럼 무한함이 필요하다…… 그 바람을 이룰 수가 없다! 나는 그저 남녀 인간 사이에서 아들로 태어난 존재라고 한다. 놀랍다…… 나 자신은 이보다는 나은 존재라 생각했는데!"* 로트레아몽Lautréamont이 쓴 글이다. 열정적인 사람은 행복보다

---

* 로트레아몽, 『말도로르의 노래Les Chants de Maldoror』.

는 '황홀함'을 꿈꾼다. 영원함과 무한함이 존재하는 완전한 행복을 꿈꾸는 것이다.

사랑에 빠지면 감미로운 말만 주고받는다. '영원히' 사랑하고 '절대로' 헤어지지 않겠다는 등의 약속을 한다. 이처럼 과장된 사랑의 언어는 우연히 나온 것이 아니라 사랑에 빠질 때 느끼는 기분을 정확히 나타내는 표현이다. 사랑을 하면 경험하는 일이다. '무한함' '영원함' '절대적인' 등의 표현들은 과장되게 들릴지는 몰라도 시대를 초월해 사용된다. 이런 표현이 없다면 우리는 그저 냉정하게 계산하는 사람이 될 것이다.

"영원한 모든 것처럼 [사랑도] 과거와 미래에 영원할 것이라는 개념이 있다. 시인들이 종종 아름답게 노래하는 진실이다. 시인들은 연인이란 이미 오래전부터 사랑이라는 운명의 끈으로 묶여 있었고 만나는 순간 이미 품고 있던 사랑의 감정을 느낀다고 말한다."(『이것이냐 저것이냐』, 379쪽)

황홀한 기분이 무엇인지 이해하고 싶다면 아이들을 관찰해보자. 여자아이든 남자아이든 아이는 어른인 우리보다 꿈꾸는 삶이 많다. 멋진 모험, 눈부신 직업, 위대한 사랑을 꿈꾼다. 매 순간 황홀함이 가득한 삶을 원한다. 아이들은 합리적인 어른들에 비해 지나치게 이상적으로 보이는 것을 갈망한다. 우리는 어른이 되면서 이상적인 것을 신중한 눈으로 바라보는 법을 습득했다. 우리 어른들은 테베스의 현명한 왕으로 추앙받던 현명한 크레온과 비슷하다. 크레온은 조카 안티고네에게 현실적인 교훈을 준다.

"나중에 알게 되겠지만 인생은 아끼는 책, 발장난을 하는 아이, 손에 쥐고 있는 도구, 저녁에 쉴 수 있게 집 앞에 놓인 긴 의자와 같아. 너는 여전히 내 말을 무시하겠지. 하지만 나이가 들면 평범한 사실을 알게 된단다. 인생은 어찌 되었든 행복이야."(장 아누이Jean Anouilh, 『안티고네』)

흥미로운 글이다. 인생 경험이 조금이라도 있는 사람에게는 당연한 말처럼 들리기 때문이다. 그런데 애매모호한 의미를 담고 있는 글이기도 하다. 깊이 살펴보면 이런 말을 하는 사람이라고 해서 황홀함을 느끼고 싶은 마음이 아주 없는 것은 아니다. 단지 인생은 '어찌 되었든 행복이다'라는 사실을 이해하며 황홀함을 갈망하는 마음을 포기한 것뿐이다. 행복은 황홀감이 필요하지 않다. 황홀한 기쁨보다는 소소한 만족을 선택하는 것이 행복이다. 황홀한 마음을 채워가는 것을 단념했다 해도 행복은 느낄 수 있다. 현실적으로 보았을 때 이룰 수 없을 것 같은 인생의 어느 계획만 포기했을 뿐이다. 누구든 붙잡고 편안한 상태와 천국 같은 황홀한 상태 중 어느 것을 택할 것인지 물어보자. 상대방은 주저하지 않고 전자를 택할 것이다. 아이들이 천진난만하게 이것저것 하고 싶다고 하면 어른인 우리는 그런 아이들이 귀여운 듯 미소 짓는다. 아이들이 이야기하는 꿈은 현실적으로 이룰 수 없다는 사실을 이미 잘 알기 때문이다. 아이들과 달리 성인은 불가능한 것은 포기하는 법을 배운다. 여기 세상이 아닌 다른 세상은 없다. 이번 생애의 삶이 아닌 다른 생애의 삶은 없다. 그리고 완전한 행복은 현재 살고 있는 세상과 삶에서는 이룰 수 없다. 하지만 열정을 쉽게 포기할 수 없는 안티고네는 크레온의 말을 들으려 하지 않는다.

"큰아버지가 말씀하시는 행복과 인생 이야기는 신물 나요! 인생은 어떤 대가를 치르더라도 사랑해야 해요. 눈에 보이는 것은 전부 핥는 개들처럼 그렇게 단순하게 살라는 거지요? 지나치게 까다로운 성격이 아니라면 일상에서 소소한 행복을 찾으라는 거지요? 하지만 저는 지금 당장 모든 것을 원해요. 전부가 아니면 거절할래요. 저는 소박하게 살고 싶지도 않고 지혜로운 척하며 작은 것에 만족하고 싶지도 않아요. 바로 오늘 모든 것을 확신하고 싶어요. 제가 어렸을 때처럼 모든 것이 아름답다는 확신이요. 이런 확신이 없다면 죽는 것이 나아요."(장 아누이, 『안티고네』)

안티고네는 비현실적인 바람이라고 해도 이를 이루지 못하느니 죽는 것을 선택할 것이다.

우상숭배 하는 삶

열정적인 사랑에는 광기 비슷한 것이 있다. 광기의 실체는 사랑에 불을 붙이는 열정도 아니요, 사랑이 목표로 삼는 대상도 아니다. 열정은 완전한 행복을 추구하는 것이다. 그렇다면 어떻게 고작 사랑에게서, 물건에게서 이를 찾을 수 있겠는가? 원칙적으로 완전한 행복은 더 이상 바랄 것이 없는 완벽한 기쁨을 말한다. 따라서 이러한 기쁨을 채워줄 수 있는 유일한 대상은 당연히 절대적인 대상이어야 한다.

그렇다고 남자나 여자를 열정적으로 사랑할 수 없다는 말이 아니다. 오해하지는 말자! 하지만 사랑은 하나같이 열정적이 되면 열정에 처음 불을 지핀 것과는 다른 부분에도 서서히 관심이 쏠린다. 어느 화창한 날, 나는 뜻밖에 한 여자와 만난다. 그리고 바로 첫눈에 반한다! 그녀의 눈빛만으로 내 안에는 그동안 잊고 있었던 영원한 사랑이라는 꿈이 깨어났다. 그녀를 사랑한다! 내 마음을 깨우고 우리 둘을 초월한 위대한 것을 열망하는 마음을 부추겨준 그녀의 존재를 사랑한다. 사랑이란 강렬한 감정, 황홀함과 짜릿함이라고 정의한다. 하지만 원래 사랑은 완전한 행복을 열렬히 추구하는 것이다. 단순한 짜릿한 감정이 아니다. 내가 그 여자를 사랑한다고 말하면 그녀를 통해 사랑을 알았다는 뜻이다. 즉, 그 여자 자체가 내 사랑의 목표는 아니다. 그 여자는 단지 내게 사랑을 일깨워준 불씨이고 내 사랑에 불을 붙여준 소중한 원동력이다.

열정적인 사랑이 저지르는 실수가 있다. 사랑하는 사람을 통해 완전한 행복을 얻을 수 있다는 잘못된 생각이다! 사랑하는 사람을 통해 우리 자신이 자극을 받아야 하는데("사랑하는 여자를 위해 무엇을 못 하겠는가?") 사랑하는 사람을 통해 우리 자신에게 부족한 것을 메꾸려는 실수를 한다. 이는 사랑하는 사람에게 너무 큰 짐을 지우는 것이다. 완전한 행복을 추구하고 싶다면 누군가를 사랑하는 것만으로는 해결되지 않는다. 어떻게 보면 열정적인 사랑은 일시적인 행복에 취해 완전한 행복을 부정하는 태도처럼 보인다. 하지만 열정적인 사랑에 빠진 사람들은 여전히 완전히 행복을 포기하지 않았고 이 세상에서 사랑을 통해 완전한 행복을 즐기고 있다고 주장한다. 이로써 사랑하는 사람을 신성하게 생각하며 우상숭배 하듯 떠받든다. 우상화 과정이다.

작가는 글 쓰는 열정을 통해 완전한 행복을 추구한다. 글을 쓰기 위해 모든 것을 희생하는 작가를 보면 행복을 추구하지 않는 사람처럼 보일 수 있다. 그러다가 작가는 독자들에게 자신의 책이 사랑받지 못할지도 모른다고 생각하며 밤을 새우기 시작한다. 가혹한 서평을 읽으면 의욕이 사라지고 절망에 빠진다. 작가는 일반 사람과는 다른 삶을 산다. 작가는 별것 아닌 것에도 불행을 느끼기에 반드시 행복을 추구한다고 확신할 수는 없다. 그 대신 작가에게는 고통이 큰 만큼 희망도 커진다. 작가는 글을 쓰면서 완전한 행복을 추구한다. 하지만 작가로서의 명성을 완전한 행복의 목표로 삼는다면 실수하는 것이다. 명예는 행복을 이루는 요소에 속하므로 유명해지고 싶다는 마음 자체가 잘못된 것은 아니다. 하지만 유명해지고 싶다는 열망 때문에 모든 행복을 희생한다면 문제다. 유명세가 가져다줄 결과를 너무 기대해서 그렇다. 그러다 보니 유명세를 완전한 행복을 위한 목표로 삼는 것이다. 마찬가지로 아무리 열정적으로 사랑하는 그 여자가 매력이 넘친다고 해도 그녀는 여러분이나 나와 같은 평범한 사람일 뿐이다. 단점과 한계가 있는 인간일 뿐이다. 따라서 사랑하는 여자에게서 완전한 행복을 얻을 수 있다고 기대해서는 안 된다. 그 여자가 절대로 해낼 수 없는 무거운 의무만 잔

뚝 짊어주는 꼴이다.

아니면 소소한 '부르주아적인 행복'?

완전한 행복은 현실에서는 이룰 수 없으니까 아무 소용이 없는 것일까? 완전한 행복을 이루고 싶다는 마음을 접고 현실적으로 이룰 수 있는 분수에 맞는 행복을 추구하는 것이 맞지 않을까? 한마디로 '평온한' 삶이라는 친근한 얼굴의 행복을 추구하는 것이다. "정말 행복해!" 맛있는 요리 앞에서 우리가 가끔 외치는 말이다. 행복은 일상의 소소한 기쁨에서 느낄 수 있다는 태도다.

소소하기 그지없는 기쁨 속에서 사랑은 더 이상 중요한 위치를 차지하지 않는다. 연인들이 전율로 요동치는 열정적인 사랑보다는 부부가 편안하고 안정적으로 표현하는 사랑을 선호한다. 안정을 추구하면서 새로운 순서가 만들어진다. 이렇게 새로운 순서 속에서 가장 중요한 것은 구체적인 것을 추구하는 일이다. 당연히 구체적인 것을 추구해야 한다고 본다. 행복은 지금 세상에서 만족하는 일이기 때문에 행복의 길은 바로 지금의 이 세상에서 찾아야 한다는 논리다.

어찌 되었든 이 세상에서 구체적인 것만큼 우리에게 풍요로움을 안겨주는 것이 또 있을까? 흔히 돈이 행복을 가져다주지는 않는다고 한다. 그래도 돈이 있어야 어느 정도는 행복하지 않은가?

키에르케고르는 동시대의 다른 낭만주의자들과 마찬가지로 '부르주아적인 행복'이라는 세속적인 이상을 호의적으로 바라보지 않았다. 부르주아적인 행복에서는 타오르는 열정보다는 개인의 이익을 추구하는 논리가 우선이다. 하지만 완전한 행복을 추구하는 자연적인 본성을 억누른다면 개인으로서의 독립성도 기를 수 없다. 오히려 키에르케고르가 말한 대로 거짓으로 가득한 '속물'의 삶을 살게 된다. 속물일수록 현실적인 인간이 되겠다고 강조한다. 실제로 속물은 현재에 발을 담근 채 실질적인 세상과 긴밀하게 접촉하고 구체적인 것에 아등바등하니 현실적인 인간은 맞다. "다른 세상도, 다른 생애의 삶도 없다." 속물은 계속 되뇐다. 또한 속물은 조금이라도 비현실적인 것은 아예 바라지 않으며 인간으로서 노력해 이룰 수 있는 것만 바란다.

"사람들의 생각은 언제나 거의 비슷하다. 다른 사람도 아니고 오직 나만이 원하는 것이 있기는 한지에 대해 생각하지 않는다. 자아의 상실은 빈곤하고 좁은 상태인데 사람들은 이에 대해서도 고민하지 않는다. 자아가 사라진 것은 무한한 곳으로 사라져서가 아니라 유한한 곳에 갇혀버렸기 때문이다. 자아는 사라져버리고 그 자리에는 숫자, 평범한 인간, 쳇바퀴처럼 반복하는 것만이 남아 있다."(『죽음에 이르는 병』, 370쪽)

키에르케고르가 속물을 비판하는 이유는 무한함의 나침반을 잃어버렸기 때문이다. 심각한 상황이다. 절대적인 것 없이 사는 삶은 이상 없이 살겠다는 결심과 같기 때문이다. 원래 이상은 가능한 것이 아니다. 우리 인간은 이상을 추구할 뿐 이루지는 못한다. 이상은 실현해야 할 목표가 아니라 방향성을 제시하는 가이드다. 이상은 이 세상에 속하지 않는 완벽한 것을 상징한다. 예를 들면, 정치에서 말하는 이상적인 곳, '유토피아'는 어원적으로 보면 '아무 데도 존재하지 않는 곳'을 뜻한다.

그렇다고 이상이 지금 우리가 살고 있는 세상을 회피하라고 부추긴다는 뜻은 아니다. 오히려 이상은 우리가 세상에 욕심으로 가득한 짐을 얹고 있다는 사실을 깨닫게 해준다. 물론 유토피아는 완전한 행복이나 완벽한 도덕처럼 영원히 실현할 수 없는 것이다. 그래도 이상이 없다면 세상을 바꾸겠다는 야심을 가질 수 있을까? 프랑스혁명이 자유, 평등, 박애라는 이상을 내세우지 않았다면 어떻게 되었을까?

속물은 완전한 행복이라는 이상을 더 이상 추구하지 않기로 했기 때문에 문제다. 속물은 땅에 발을 내딛고 사는 데 만족할 뿐 더 이상 별을 바라보지 않는다. 다른 평범한 사람들도 이와 다르지 않을 것이다. 속물은 땅바닥을 그대로 기어갈 뿐 개인으로서의 독립성을 기를 힘이 없다. 개인으로서의 독립성은 순응주의라는 고리에 가둔 지 오래되었기 때문이다. 이러한 이유로 속물은 세상을 있는 그대로 따라가는 데만 관심 있을 뿐 시대의 경고를 인식하고 피하는 데 도움을 주는 내면의 자원이 없기에 그저 '남들이 하는 만큼'만 한다.

짚고 넘어가기

1 정신을 잃을 정도로 사랑에 빠져본 적이 있는가? 그렇게
사랑에 빠졌을 때 개인으로서의 독립성을 포기한 이유는
무엇인가? 사랑 때문에? 다른 방식으로 사랑에 빠질 수는
없었는가?

2 부부 사이의 열정이 점점 시들어갈 때 어떻게 하는가? 열
정 대신 돈독한 애정이 생기기 때문에 문제가 없다고 보
는가? 아니면 사랑의 열정이 주는 황홀감을 쉽게 포기할
수 없어서 아쉽다고 생각하는가?

3 사랑에 빠질 때 어떤 기분인가? 언제나 상대방이 중심이
되어 자신을 잊는 기분인가? 아니면 반대로 활기와 에너지
가 넘치던 본래의 모습을 원래의 모습을 다시 찾은 기분인
가? 사랑하는 사람의 존재만으로도 마음속에 강렬한 열정
이 피어오를 수 있지 않을까? 결국 우리는 진정으로 살아
있다는 기분을 즐기기 위해 그토록 사랑에 빠지려고 하는

것 아닐까?

4   마음이 잘 맞는 배우자, 자기계발을 할 수 있는 직업, 건강
    한 아이들, 넓고 예쁘게 꾸며진 집 등 '행복한 삶'에 필요
    한 모든 조건을 갖춘 안락한 삶을 살고 있다고 해보자. 부
    족한 것이 더 있을 수 있을까? 어렸을 때 이런 삶을 꿈꾸
    었는가? 아니면 절대적인 것을 추구하며 광기어린 열정
    이 있는 삶을 꿈꾸었는가?

개인 지상주의라는 오만함

완전한 행복을 잊으면 다른 것도 잊게 된다. 그 다른 것이란 우리가 사는 현대사회에서 세 번째로 중요한 부분이다. 현실적이고 싶다면서 오히려 비현실적으로 행동하게 된다! 이러한 부조리가 발생하는 이유가 있다. 열정이 있기에 현실 너머에 있는 완전한 행복이라는 이상과 만나지만, 동시에 이상을 통해서 현실을 바라보게 된다. 현실은 유한함이다. 우리가 사는 현실이 유한하다는 것을 깨달으려면 이상이 필요하다. 하나를 제거하면 나머지 하나를 볼 수 없다. 이것이 우리가 처한 괴로운 상황이다. 현실이 유한하다는 것을 보지 못하니 자연스럽게 습관적으로 '개인 지상주의'를 내세운다.

유한함의 극복

많은 고대 문명에서 사람들은 '죽을 수밖에 없는 존재'라는 이름으로 불렸다. 단순히 인간이 언젠가 죽기 때문에 받은 이름이 아니었다. 죽음은 인간뿐만 아니라 살아 있는 모든 생명체가 공통으로 떠안는 운명이다! 고대 문명의 인간들이 받은 '죽을 수밖에 없는 존재'라는 이름은 다른 뜻을 지녔다. 인간을 가리켜 '죽을 수밖에 없는 존재'라고 하면 인간의 삶은 부정적으로 바라보는 것이 된다. 인간에게 '죽을 수밖에 없는'은 '영원히 살 수 없는'을 뜻했다. 즉, 신들이 누릴 수 있는 영원불멸이라는 기준으로 보면 인간의 삶은 유한하다. 죽음으로 상징되는 유한함은 인간의 조건을 정하는 출발점이었다.

1부에서 살펴보았듯이 우리의 삶은 영원불멸이라는 이상을 추구하기 때문에 절망을 느낀다. 절망하는 사람은 흘러가는 시간에 절망한다. 영원불멸을 추구하지만 불가능하기 때문이다. 또한 영원한 자유를 얻으려면 시간이 흘러 죽음을 맞아야 하는 일이기에 절망한다. 이 두 가지 모순의 간격을 좁힐 수 없기에, 또한 온전한 자신이 될 수 없기에 절망이 시작된다. 요즘 우리가 절망을 부정적으로 보는 것은 우리의 삶에 깃든 비극을 보지 못해서다. 라틴어 '파토르pateor'는 실제로 '고통스럽다' '견디다'를 의미한다. '열정'과 '비극'은 어원이 같다. 비극은 열정을 동반하는 감정일 뿐이다.

비극의 의미

우리의 삶에 깃든 비극을 강조한다고 해서 우리의 삶이 슬프다는 뜻은 아니다. 그런데 우리가 누군가에게 "비극이네"라고 말하면 듣기 좋으라고 하는 소리는 아니다. 하지만 비극은 듣기 좋은 말로 들을 수 있어야 한다. 사실, 비극은 삶을 비참하게 하는 것이 아니라 오히려 삶을 활기차고 서정적으로 만들기 때문이다. 저녁에 무엇을 먹을 것인지 묻는 말에는 서정성도, 특별히 흥미로운 부분도 없다. 마찬가지로 반복되는 업무는 매우 단조로운 일상을 나타낸다. 일반적으로 예술가는 이런 평범한 삶에 관심이 없다. 예술가가 평범한 일상에 관심을 갖는다면 반복되는 삶에서 비극이라는 개념을 뽑아내기 위해서다. 예술은 어떤 대상을 다루든 사랑, 죽음, 유한함, 자유, 망각 등 인간의 삶을 주요 테마로 삼으려고 한다. 소설 속 등장인물들이 우리보다 강렬한 삶을 사는 것처럼 보이는 이유는 실존적인 고민을 하며 살기 때문이다. 아름다운 시를 들으면 왜 마음이 동요하는가? 평범하기 그지없는 말에서는 전혀 느낄 수 없는 감동을 느낄 것이다. 어떤 감동인가? 소름 돋을 정도로 아름다운 음악을 들으면 어떤 감정이 생기는가? 아름다움이 주는 감동은 매우 강렬해서 우리 자신을 되찾을 수 있다. 즉, 우리 안에 있는 실존적인 부분을 건드린다. 로베르 앙텔므Robert Antelme는 제2차 세계대전 시기에 강제수용소에 있었던 경험을 그린 감동적인 책『인류L'Espèce humaine』에서 수용소 사람들이 어떻게 서정적인 방식으로 저녁시간을 보냈는지 들려준다. 수용소 사람들은 한 사람씩 다른 사람들 앞에서 시를 암송했다. 우리의 삶에 예술이 왜 필요한지가 이해된다. 인간은 예술 작품에 흥미를 잃는 순간 자신의 개인으로서의 독립성도 잊게 된다. 예술 작품이야말로 내면성을 살려주는 친구다. 아름다운 음악, 멋진 영화 혹은 소설을 접하면 내 안에 감동과 열정이 살아난다. 하지만 예술 작품이 내 안에 불러일으키는 것은 비극이라는 감정이다. 물론 몰리에르Molière의 작품처럼 위대한 희극도 있다. 그래도 예술 작품이 비극적인 정서를 담은 감동을 준다는 사실에는 변함이 없다.

희극과 비극

희극과 비극은 예술로 표현되는 대표적인 두 가지 정서다. 희극과 비극의 대비는 기쁨과 슬픔의 대비와는 다르다. 희극과는 거리가 멀고 비극에 가까운 기쁨이 있다. 예를 들면, 인생의 공허함을 감추기 위해 끝없이 웃음을 터뜨리는 남자가 보여주는 것은 어색한 기쁨이다. 반대로 비극은 없고 단조롭기만 한 슬픔이 있다. 기쁨과 슬픔은 그 자체에 실존적인 부분이 없다. 슬픈 이야기를 바탕으로 대중의 눈물만 쥐어짜내려는 영화를 만드는 감독은 실력이 없는 것이다. 비극적인 이야기를 살리는 데 실패한 감독은 본래의 의도와 달리 코미디처럼 보이는 슬픈 멜로드라마를 만들어낼 뿐이다. 예술 작품은 희극도 있고 비극도 있다. 혹은 셰익스피어의 비극처럼 희극과 비극이 뒤섞인 작품도 있다. 물론 예술 작품은 다른 정서를 표현할 수도 있다.

희극과 비극은 같은 것을 다르게 표현한다. 희극과 비극은 대립하는 관계가 아니라 상부상조하는 관계다. 비극과 희극은 같은 것을 자신의 방식대로 표현한다. 희극이든 비극이든 형식만 다를 뿐 결국은 같은 현실을 표현한다.

> "비극과 희극은 모순을 지적한다는 점에서 같다. 다만 비극은 고통스러운 모순을, 희극은 고통 없는 모순을 보여준다."(『철학적 단편에 붙이는 비문학적 해설문』, 347쪽)

실제로 희극과 비극은 똑같이 모순에 관심이 있다. 희극은 피할 수 있는 모순을 다루기에 고통이 없어 보인다. 종이에 미끄러져 넘어지는 사람을 보고 미소 짓거나 웃는 이유는 무엇인가? 자유와 필연적인 운명의 모순이 만들어낸 상황을 잘 보여주기 때문이다. 일반적으로 내 몸은 내 자유의지대로 할 수 있다고 생각하지만 갑자기 재수 없는 종이 때문에 내 몸을 마음대로 할 수 없다. 얼마나 웃긴가!

우연히 일어난 일시적인 모순이다. 키에르케고르가 '유머'라고 말한 것과는 다르다. 유머는 우연과 관계가 없고 삶의 모순을 직접적으로 표현하기 때문에 조금 더 고차원적인 개념이다. 유머는 인생을 비극적으로 보는 시각이다. 인생을 뒤집어서 생각할 수 있어서 웃음을 유발한다. 예를 들면, 우리는 영원히 존재하고 싶지만 언젠가 죽어야 하는 존재라는 사실을 깨닫게 되는데 이것이 비극이다. 영원불멸함을 생각하면 죽음은 늘 원망스러운 존재다. 하지만 우디 앨런처럼 이러한 모순을 다른 방향으로 볼 수도 있다. 이렇게 되면 모순은 재미있어진다. "영원불멸은 너무 길어. 특히 엔딩까지는!" 여기서 우디 앨런이 가리키는 것은 영원할 수 없는 우리의 유한한 삶이다. 출발점은 더 이상 영원불멸이 아니라 시간이다. 시간은 길 수도 있고 짧을 수도 있으며 시작과 끝이 정해져 있다. 하지만 영원불멸을 상상하면 불가능이 떠오른다.

우리가 유한한 존재라는 사실에 대한 망각

인생이 비극적이라고 해서 삶이 무료해지지는 않는다. 오히려 삶에 활기가 생긴다. 삶의 활기를 느끼려면 인생의 모순에 늘 관심을 가지면 된다. 물론 매우 어려운 일이기는 하다. 이는 우리의 잘못은 아니다. 현대사회에 살다 보면 우리 인간이 유한한 존재라는 사실을 잊게 되고 그와 함께 죽음도 특별하게 다루어지지 않는다. 물론 죽음은 인간이 피할 수 없는 운명이라는 것은 누구나 알지만 굳이 이를 생각하지는 않는다. 그 결과 사람들은 영원히 살기 위해 무엇을 해야 하는지에 대해서만 생각할 뿐 죽음 자체에는 관심이 없다. 오히려 죽음을 숨기는 것을 바람직하게 본다. 죽음을 떠올리는 말이나 작품은 불길하다고 보는 시각이 일반적이다. 누구나 자신이 언젠가는 죽는다는 사실을 알지만(어떻게 모를 수 있는가?) 더 이상 죽음을 최후의 운명으로 생각하지 않는다. 즉, 우리의 삶을 죽음에 비추어 생각하지 않게 되었다.

그래서 어떤 결과를 얻었는가? 인간의 삶은 유한하다. 이러한 유한성만큼 인간의 인생을 제대로 해석하는 표현이 있을까? 희극배우 요리크Yorick의 백골을 든 햄릿의 유명한 독백을 떠올려보자.

"이런! 불쌍한 요리크! (……) 호레이쇼, 나는 광대 요리크를 잘 알았어! 끝없는 재치와 세련된 상상력을 자랑하던 사람이었어! 나를 여러 번 업어준 사람이었지. 하지만 지금 이 모습으로 내 상상 속에 남을 생각을 하니 너무 무서워! 마음이 아파. 여기에 내가 입맞춤하던 입이 달려 있었어. 여기에 얼마나 입을 많이 맞추었는지 몰라. 요리크, 그대가 하던 농담은 이제 어디서 듣지? 그대의 재미있는 대사는? 노래는? 웃음을 부르던 그 빛나던 유쾌함은? 이런! 얼굴을 찡그리며 장난처럼 했던 그대의 말은 이제 더 이상 들을 수 없는 것인가? 입술도 더 이상 볼 수 없는 것인가? (……) 이제 방에 가서 부인을 찾아보게. 그리고 부인에게 전하게. 아무리 분을 발라도 결국 이 모습(해골)이 된다고! 이 해골을 보고 부인을 웃겨야해……."(셰익스피어, 『햄릿』, 5막 1장)

이렇게 생각하면 분명 인간의 운명은 비극적이다. "생각해서 무얼 하게요? 이미 잘 알고 있는데 그런 우울한 생각을 하며 인생을 낭비할 필요는 없지요"라고 사람들은 대답할 것이다. 그럴지도 모른다. 하지만 죽음을 생각하지 않으면 어떻게 될까? 시간은 영원할 것 같고 신처럼 영원히 살 것 같다고 착각하며 오히려 인생을 무미건조하게 보내며 낭비하지 않을까? 인간은 언젠가는 죽는 존재라는 사실을 늘 생각하고 있지 않는다면 어떤 삶을 살게 될까? 시간을 소중히 여기며 행동에 의미를 두려면 죽음을 늘 염두에 두는 일만큼 좋은 방법이 있을까?

"이 세상에 가장 웃긴 것은 바쁜 사람, 서둘러 먹고 행동하는 사람인 것 같다. 또한 결정적인 순간에 그 사람의 코에 앉은 파리, 미친 속도로 달리다가 그 사람의 옷에 흙탕물을 튀기고 지나가는 자동차, 그 사람 앞에 서 있는 코펜하겐의 크니펠 다리, 그 사람의 머리에 떨어져 목숨을 앗아간 기와를 보면 미친 듯이 웃음이 나온다. 어떻게 웃음이 나오지 않겠는가? 지치지 않고 일어나는 이와 같은 사고들이 할 수 있는 것은 무엇인가? 마치 집에 불이 난 것에 놀란 나머지 애꿎은 핀셋을 구한 여자가 생각나지 않는가? 인생의 화재가 발생하면 사람들은 핀셋보다 더 나은 것을 구할 수 있을까?"(『이것이냐 저것이냐』, 22쪽)

기술을 숭배하는 현대사회

인간이 유한한 존재라는 사실을 잊으면 자연히 기술력을 맹신한다. 자신이 유한한 존재라는 사실을 잊은 현대인은 데카르트가 말한 것처럼 '자연의 주인이자 소유주' 행세를 한다. 기술의 발전으로 우리는 죽음이라는 운명에서 벗어날 수 있다는 착각에 빠진다. 의학 덕분에 질병이 치유되고 농업 덕분에 생산력이 높아지고 정보 기술 덕분에 획기적인 발전이 이루어졌다.

기술로 이루어낸 영광스러운 성과를 나열하자면 끝이 없다. 마치 인간은 자신이 운명을 지배하고 있다는 듯한 태도로 죽음의 운명을 밀어내며 무한한 자유를 내세운다. 우리가 몸을 다루는 태도를 보면 이와 같은 오만함이 느껴진다. 요즘 들어서 특히 우리는 본질을 존중하지 않는다. 우리의 삶이 지닌 본질은 그대로인데 외면하고 있다. '나이를 받아들여라'는 더 이상 따라야 할 의무가 아니다. 성형의학과 치료술의 발달로 남자가 60세가 되어도 10년은 젊게 보일 수 있고 40세 못지않은 성생활을 할 수 있다.

기술에 대한 맹신은 환상이다. 무엇보다 그 맹신은 기본적으로 혼란을 가져온다. 기술로는 키에르케고르가 말한 필연적인 운명이 아니라 당장의 불편함만 해결할 수 있다. 우리의 욕망에 방해가 되는 불편함은 부담스러운 존재여서 당장 해결해야 하는 대상이 된다. 노화는 우리가 부정적으로 생각하는 대표적인 불편함이다. 마찬가지로 질병도 정상적인 삶을 방해하기에 불편한 존재다. 분명히 기술은 이와 같은 불편함을 개선해준다. 그렇다고 기술이 우리의 인생을 짓누르는 필연적인 운명까지 바꾼 것은 아니다!

일반적으로 필연적인 운명이란 우주의 인과법칙에 지배를 받는 모든 현상을 가리킨다. 건물 4층에서 기와가 떨어져 머리를 맞는다면 살아남을 가능성은 매우 희박하다. 여기에는 몸이 고꾸라지는 우주의 법칙이 적용되기 때문이다. 자동차가 시속 100킬로미터로 달리다가 보호난간을 받아버린다면 운전자가 살아남을 가능성은 적다. 기술은 이와 같은 인과법칙을 막아내는 것이 아니라 오히려 인과법칙을 기초로 한다. "우리는 자연에 순종할 때만 자연을 지휘한다." 프랜시스 베이컨의 글이다. 이 글에서 베이컨은 우리가 자연의 법칙을 따를 때에만 자연의 흐름을 바꿀 수 있다고 강조한다.

결국 기술 발전으로 이룬 것이라고는 몇 가지 불편함에서 벗어나 기존의 불편함보다는 그나마 견딜 수 있는 새로운 번거로움을 만들어낸 일밖에 없다. 노화의 불편함을 의학적인 도움으로 개선한 대신 의학적인 도움을 늘 받아야 하는 번거로움이 생겼고, 발로 이동하는 불편함 대신 길을 건널 때 조심을 해야 하는 작은 번거로움이 생겼다. 손으로 쓰는 불편함 대신 컴퓨터 사용법을 배워야 하는 작은 번거로움이 생겼다. 새로운 작은 번거로움이 모여 새로운 불편함을 만들고 언젠가는 여기서도 벗어나고 싶다는 마음이 생긴다. 예를 들면, 누구는 교통 체증을 피하기 위해 직장 근처에서 살고 싶어 한다. 또 다른 누구는 인터넷망으로 사방에 노출될 수 있는 개인정보를 보호해야 하는 수고를 들여야 한다. 이처럼 기술이 발전한다고 삶의 불편함이 완전히 줄어들지는 않는다.

　인간은 필연적인 운명을 극복하거나 개선할 수 있는 힘이 있다고 믿고 싶지만 현대사회는 다시 심각한 문제에 부딪혔다. 아직 개선하지 못한 불편함과는 어떻게 지낼 것인가? 예를 들면, 새로운 질병과 신체장애 말이다. 현대사회에서 질병과 신체장애는 인간이 역시 유한한 존재라는 사실을 깨닫게 해주기에 불편한 존재다. 서둘러 고쳐야 할 대상일 뿐이다. 해결할 수 없는 문제라면 받아들일 수도 없다. 별로 차도가 없는 환자들, 노인들, 중증장애인들은 인간이 유한한 존재임을 끝없이 환기시켜주며 인간의 조건을 그대로 보여주는 존재가 아니라 소수자로 취급받는다. 당당히 문제를 해결한 자유로운 '정상적인' 인간과는 다른 소수의 예외로 전락시킨 셈이다. 이들 소수자들이 보여주는 한계는 의학의 한계일 뿐 인간의 한계가 아니라고 본다. 물론 이와 같은 한계는 일시적이라고 본다. 이러한 상황에서 소수자들이 보여주는 운명은 더욱 부조리하고 고통스럽다.

짚고 넘어가기

1   울음이 나올 정도로 슬픈 책이나 영화를 즐겨보는 이유는
    무엇인가? 여기서 얻을 수 있는 기쁨은 무엇인가? 왜 오
    히려 "감동이다!"라고 말하는가? 불행은 전혀 감동적인
    것이 아니다! 물론 감동의 대상은 불행이 아니라 비극이
    다. 즉, 등장인물들의 고통은 비극적인 실존의 고통과 관
    계되기에 공감할 수밖에 없는 것이다.

2   웃음 뒤에 숨어 있는 비극을 알아보겠는가? 늘 바쁘고 끝
    없이 달릴 수밖에 없는 현대사회에서는 진정한 자기 성찰
    을 할 수가 없다. 웃음은 인간의 삶은 유한하다는 사실을
    떠올릴 수 있는 수단이 아닐까?

3   흐르는 시간, 질병 등 인간의 삶이 유한하다는 것을 생각
    나게 하는 존재가 모두 두려운가? 현대사회에서 인간은
    스스로 삶을 조종하며 자유롭게 살고 있다는 착각에 빠져
    있다. 그런데 살다 보면 오히려 그 반대라고 느끼지 않는

가? 우리가 통제하고 정복할 수 있는 것은 무엇인가? 노년? 질병? 자신의 삶을 어느 정도 조종하고 있다고 느끼는가?

4   평소 장애인을 만날 일이 별로 없는 사람일수록 장애인을 '정상인'처럼 대하는 것이 옳다고 생각한다. 놀라우면서도 재미있다. 의도는 좋다. 장애인을 정상인과 똑같이 대우해야 평등하게 대우받는다는 생각을 한다고 믿기 때문이다. 하지만 오히려 그 반대로 해야 하는 것 아닐까? 장애인들이 우리들을 통해 자신을 처지를 돌아보아야 하는 것이 아니라 우리가 장애인들을 통해 우리가 진정으로 어떤 존재인지를 배워야 한다. 약하고 언제든 부서질 수 있는 존재, 그것이 우리 인간이다.

Ⅲ
적용하기

**윤리적인
삶에 깃든
고귀함을
되찾자**

우리가 흔히 사는 삶은 단순하지 않고 그야말로 복잡해서 인생을 단순하고 명쾌하게 표현하자면 '우리의 인생은 비극이다'. 이를 직접 확인하자고 방대한 지식을 활용할 필요는 없다. 피부로 직접 느낄 필요도 없다. 그저 인간의 삶이 갑자기 어떻게 깨질 수 있는지 주변을 관찰해도 충분하다. 그동안 탄탄하게 다져온 커리어와 성공이 얼마나 예기치 않은 사고로 한순간에 부서지는가? 용기를 내어 이 이야기를 들려주는 사람이 앞에 있으면 우리는 꿋꿋하게 밝은 태도로 인생이 전부 잿빛은 아니라고 대답해준다. "자, 힘내! 너무 비관적으로 생각하지 마! 인생에는 좋은 것도 있어! 그렇게 단정 짓지 말고 살면서 좋았던 점과 안 좋았던 점이 다 있다고 생각해!" 인생의 좋은 점과 나쁜 점을 세세하게 따지면 통찰력이 있어 보일 수 있다. 하지만 잘 생각해보면 이것이야말로 극단적인 비관주의가 아닐까? 인생의 좋은 점을 생각하는 것은 쉽게 만족하라는 의미이기 때문이다. 완전한 행복은 없어도 적당히 행복할 수는 있다는 뜻이다. 근심 걱정이 별로 없고 건강에 이상이 없는 것처럼 어느 정도 행복한 상태를 말한다. 그런데 혹시 우리는 비관주의에 젖어 있는 상태라 인생에서 적당한 위로만 바라는 것은 아닐까?

그렇기 때문에 영원불멸을 추구하는 우리의 목마름을 달래주는 상상의 방법을 통해 삶을 견딘다. 픽션이 유독 인기 있는 이유다! 가상의 세계이지만 적어도 픽션 속에서 우리는 강렬한 삶을 살 수 있다. 인생에서 기대하는 것이 적을수록 꿈을 꾸고 싶어 한다. 픽션은 진정한 출구이며 짭짤한 비즈니스다! 픽션이 안겨주는 꿈이 없다면 현대인은 어떻게 될까? 영화를 보고 길을 걸을 때마다 이어폰을 꽂고 음악을 듣는 것은 마약을 탐닉하는 것과 다르지 않다. 실생활에서 평범한 연애가 아니라 위대한 사랑을 하고 있다면 무엇 때문에 위대한 사랑 이야기를 픽션으로 보고 싶어 하겠는가? 하지만 픽션은 픽션일 뿐 실제 인생이 아니다. 평범하기 그지없는 삶을 매 순간 픽션을 통해 대서사시 같은 서정성이나 놀라운 경험으로 꾸미며 지루함을 달래는 것이 우리의 삶이다.

"가끔 우리는 여행하는 영국인을 만난다. 그 영국인은 마치 천재의 화신처럼 군다. 묵직한 트렁크는 다양한 언어로 가득하지만 간단한 단어일 뿐이다. 영국인은 추임새를 섞어 극도의 감탄과 깊은 무덤덤함을 동시에 표현할 줄 안다. 감탄사와 무덤덤함은 지루할 때 나오는 표현이다. 영국이라는 나라와 마찬가지로 영국인들도 공허한 열정에 도가 텄다. 이들은 추임새를 사용하고 여기저기서 열정적인 일을 하는 사람들을 보며 인생 여행을 한다. 영국인들은 중요한 일이건 무의미한 일이건 무슨 일이라도 일어나면 하나같이 '에!' '오!'라고 한다. 이들에게 중요한 일이나 무의미한 일이나 시끄러운 호들갑으로 표현하는 공허한 열정에 속할 분이다."(『이것이냐 저것이냐』, 227쪽)

우리의 삶을 무대처럼 꾸미고 삶을 늘 아름다운 대상처럼 감상하려는 태도는 진짜 삶을 사는 것이 아니라 그저 자신이 살아가는 모습을 관객처럼 바라보는 것에 지나지 않는다. 작가 체사레 파베세 Cesare Pavese가 이야기한 "인생이라는 어려운 직업"을 극복하는 것이 쉽다고 말할 수 있는 사람은 없다. 삶의 비극적 무게를 기적처럼 덜어주겠다고 약속하는 사람들은 가짜 약장수와 같다. 흘러가는 시간이 주는 고통에서 완벽하게 해방되는 방법, 온전히 우리 자신답게 사는 기술이 존재했다면 이미 널리 알려졌을 것이다.

　그렇지 않기에 절망스러운 것이다. 그렇지만 오히려 상황이 이렇기 때문에 우리의 삶이 굉장히 흥미롭기도 하다. 삶의 열정은 절대적인 것이 있을 때 나온다. 절대적인 것이 없다면 우리의 삶은 벌레의 삶과 다르지 않다. 벌레는 아무 걱정 없이 순리대로 살기 때문에 우리보다 편해 보일 수는 있다. 벌레는 태어나서 때가 되면 죽는다. 추구해야 할 이상이 없기 때문에 아무런 여한 없이 죽는다. 하지만 인간은 완전한 행복이라는 이상이 있기에 위대하지 않은가!

　따라서 우리는 이상을 추구해야 한다. 이상은 실현할 수 없는 대상이기 때문에 적어도 이상에 걸맞은 모습이 되기 위해 최선을 다해보아야 한다. 그 과정을 통해 우리의 삶을 행복의 관점이 아니라 윤리의 관점에서 생각하게 된다. 윤리의 관점은 일단 존재해야 의미가 있다. 존재야말로 존재하는 사람이 최고로 관심을 갖는 일이다. 행동할 시간이 왔다. 가능한 한 윤리적인 우리 자신이 되도록 끝없이 노력하자.

우리의 삶을 픽션으로 만들지 말자

윤리적인 삶을 살 때 가장 좋은 점은 목숨이 붙어서 사는 것이 아니라 진짜 인생을 산다는 것이다. 따라서 흘러가는 시간에 용기 있게 맞서며 거짓 삶을 살지 않는다. 우리는 거짓 삶을 살려는 유혹에 지나치게 시달린다. 낭만적인 환상으로 포장된 삶을 꿈꾸는 것은 떨치기 힘든 유혹이지만 재빨리 벗어날 줄 알아야 한다.

픽션은 모델이 아니다

우리가 픽션에 열광하는 이유는 완전한 행복이라는 이상을 비용 부담 없이 간접적으로 경험하기 때문이다. 시인은 현실을 있는 그대로 받아들이지 않고 상상을 덧붙여 이상화하면 된다. 따라서 픽션은 픽션일 뿐 삶의 고통에서 진정으로 해방시켜주지 않는다. 우리는 픽션을 통해 현실을 잠시 잊을 뿐이다.

"시인은 고통스러운 삶을 살 때가 많다. 하지만 고통에서 시집이 탄생하고 우리는 이를 알고 시집을 읽는다. 아무리 삶이 괴로운 시인도 고통을 이해하지 못한다. 시인은 고통을 탐구하는 대신 고통에서 작품을 만들고 시 작품에서 더 완벽한(더 행복한) 만물의 질서를 상상해 고통을 달랜다. 마찬가지고 배우, 특히 희극 배우도 고통스러운 삶을 살 때가 있지만 고통을 탐구하는 대신 고통에서 연기를 표현하고 다양한 등장인물을 연기하며 고통을 달랜다."(『철학적 단편에 붙이는 비문학적 해설문』, 300쪽)

하지만 진통제는 약이 아니다. 고통을 완화시켜줄 뿐 병을 고쳐주지는 않는다. 마찬가지로 우리는 진짜 삶이 아니라 픽션을 통해 미화된 삶을 산다. 우리의 삶은 두 가지 의미에서 미학을 추구한다. 우선 1부에서 살펴보았듯이 우리가 되고 싶은 이상적인 미학을 추구한다. 미학을 기르는 것은 식물을 기르는 것과 같다. 탐미주의자는 언제나 이상으로 삼는 행복을 발견하고 싶어 한다. 하지만 미학적인 감동을 통해 그 행복에 도달했다고 믿는다. 여기서 두 번째 의미가 나온다. '미학'(일반적인 감성 분야보다는 예술적인 감성 분야를 가리킨다)에서 파생된 의미에 따르면 미학적인 삶이란 픽션을 현실의 모델로 삼는 일이다. 즉, 미학(예술 이론)을 새로운 윤리(바람직한 삶의 이론)로 삼는 것이다!

미학은 19세기 전반의 낭만주의 사조에서 나왔다. 동시대 인물이었던 키에르케고르는 미학을 미지근하게 바라보았다. 여기에는 이유가 있다. 우선 자유분방한 예술가들은 절대적인 이상을 내세워 부르주아의 삶을 딱하게 바라보았고 부르주아적인 삶의 가치를 비판했다. 다른 한편, 예술가들은 미학적인 모델에 속아 소설 같은 인생을 살아야 한다고 생각했다. 이 부분은 우리도 예술가와 닮았다. 특히 사랑에서 낭만주의를 매우 바람직하게 생각하는 점이 닮았다.

순간의 구속

하지만 픽션을 모델로 삼으면 우리의 삶은 허상이 된다. 즉, 진정한 삶과는 멀어진다. 미학적인 아름다움은 순간의 아름다움이다. 영원불멸과 시간이 조화를 이루는 완벽한 순간인 것이다. 열렬한 키스, 멜랑콜리한 노을, 아이의 미소 등 살다 보면 진정으로 감동적인 순간들을 많이 경험하게 된다. 다만 순간적이라는 것이 문제다! 우리에게는 갑자기 시간이 멈춘 것처럼 느껴지는 순간, 절대적인 가치가 최고조에 달한 것처럼 느껴지는 순간이다.

예술가는 작품 속에서 시간을 마음대로 좌지우지하기 때문에 이런 찰나의 아름다운 순간들을 쉽게 만들어낸다. 원하는 대로 시간을 앞당길 수도 있고 늦출 수도 있으며 10년간의 인생을 단 몇 페이지로 이야기해 하나의 순간으로 축약하거나, 반대로 사랑의 열정이라는 순간을 인생 전체로 길게 늘리기도 한다. 하지만 우리의 삶에서는 시간이 우리의 주인이다. 사랑하는 사람과 저녁시간을 보내며 짜릿한 기쁨을 느낄 수 있지만 그때뿐이다. 아무리 이 순간을 무한대로 늘리고 싶어도 그럴 수가 없다. 만일 로미오와 줄리엣이 조금 더 오래 살았다면 평생 열정적인 사랑을 했을지 의문이다. 다른 커플도 마찬가지다. 아무리 처음 사랑했던 순간을 긴 시간 동안 길게 늘리려고 해도 일상의 단조로운 반복 앞에서는 맥을 못 춘다.

카르페 디엠을 멈추어라!

"아무럼 어떤가요. 순간을 길게 늘리는 것이 아니라 순간에 충실한 것이 중요하지요." 여러분은 이렇게 대답할지도 모르겠다. 실제로 열정적인 포옹처럼 찰나의 짜릿한 행복은 비록 한철밖에 가지 않는다 해도 우리는 이를 위해 평범한 일상의 잔

잔한 행복을 희생할 준비가 되어 있다! "정말 사랑했어"라고 중얼대며 그때의 소중한 기억을 평생 간직할 수 있다. 우리는 절대적인 것을 추구하면서 '카르페 디엠' 같은 삶을 사는 것 같다. 카르페 디엠은 어제와 내일 사이에 있는 현재는 곧 사라지기 때문에 현재의 순간을 만끽하자는 오래된 격언이다. 현재는 곧 사라지므로 특별한 순간처럼 생각해 즐기는 것이다. 나이가 들었을 때 "인생을 잘 살았지!"라고 회상할 수 있으려면 현재의 순간들을 매번 소중이 여기라는 것이다.

하지만 이런 인생이 맞는 것일까? 이렇게 보면 인생은 그저 현재를 살아가는 일에 불과할 뿐이다. 열정의 시간도 순간의 열정이 된다. 찰나의 순간만이 이상이라고 해보자. 그렇다면 시간이 흐르면서 쇠퇴하는 우리의 모습을 받아들여야 하는 이유는 무엇일까? 예를 들면, 이렇게 단정 지어 말하는 사람들이 있을 것이다. "아니요, 우리는 결혼이 필요 없어요. 주어진 시간 속에서 미친 듯이 열렬히 사랑해요! 평범하게 결혼해서 지금의 열정을 식히지 말아요."

사랑의 순수함을 간직하려는 의도다. 하지만 현실적인 삶과는 동떨어져 있다. 현실적인 삶은 이런 순간도 있고 저런 순간도 있으며 미학적인 감동에서 느낀 열정을 오래 간직하기 위해 노력하는 일이다. 따라서 인생은 밑그림과 같다. 꿈이 좌절될 때도 있고 욕심만큼 해내지 못할 때도 있는 것이 인생이다.

> "미학적인 열정 속의 픽션 같은 인생이다. 그러니까 부조리한
> 인생이며 시간이라는 암초에 부딪히는 인생이다. 허상 같은 삶
> 이 최고조에 달하면 절망이 된다. 따라서 픽션 같은 인생은 진
> 정한 인생이 아니라 표류하는 인생이다. 픽션 같은 인생에 너
> 무 가까이 다가가면 마치 매 순간이 고정되지 않고 사라져버린
> 느낌이 든다."(『철학적 단편에 붙이는 비문학적 해설문』, 168쪽)

이런 인생은 구체적인 것이 하나도 없는 삶이다. 즉, 이런 인
생을 사랑하면 열정적으로 행동하지 않게 된다. 그저 경험하는
것으로 만족한다. 마치 현재의 감정을 음미하는 것으로 끝인 것
처럼 말이다.

지속되지 않는 인생의 절망

왜 키에르케고르가 미학적인 삶은 곧바로 절망으로 이어진다고
했는지 쉽게 이해할 수 있다. 우리의 삶은 덧없다는 괴로운 사
실을 인식하면서 인생이 더 힘들게 느껴지기 때문이다. 우리는
'현재의 순간'을 즐기려 하다가 그 누구보다도 순간이 덧없을
느끼며 괴로워하게 된다. 진정한 실천이 없는 현재는 표류할 뿐

이며 진정한 계획을 이루는 데 필요한 시간도 확보하지 못한다.

　우리의 일상도 마찬가지다. 매일 텔레비전은 새로운 소식을 끝없이 전한다. 이전의 소식들은 곧바로 잊힌다. 사건사고 소식이든 자연재해 소식이든 많은 이야기를 들었지만 그 이후의 일을 제대로 아는 것이 몇 개나 되는가? 자극적인 것에 끝없이 목말라 있는 우리에게 일시적인 만족은 주지만 현재가 지속되지 않아 또다시 갑갑하다. 이런 상황에서 정치는 그저 지나가는 소란일 뿐이다. 장기적인 비전 대신 자극적인 공약과 운동이 난무한다.

　"우울함은 시대의 악덕이 아니다. 무의식적인 웃음 속에서도 느껴지는 것이 우울함 아닌가? 우리에게 추진할 용기, 복종할 용기, 행동할 힘, 희망에 대한 믿음을 앗아간 것이 우울함 아닌가? (……) 현재를 제외하고 모든 것이 사라졌다. 늘 잃어버릴까 봐 두려워했는데 정말 사라져버렸다. 놀랄 일은 아니지 않은가?"(『이것이냐 저것이냐』, 364쪽)

　미학적인 인생은 스토리가 없는 인생이다. 들려줄 평범한 이야기는 많지만 일관성이 없어 미래를 그릴 수 없다. 현재라는 순간이 너무 어려워서 과거의 이야기에서 의미를 찾는다. 서점에는 이런 이야기책들이 가득하다. 현재를 과거의 이야기와 연결할 뿐 방황하는 우리 시대에 제대로 된 방향을 알려주지 못한다. 마찬가지로 우리만의 이야기도 조각조각 흩어져 열심히 의미를 찾아 헤매야 한다. 조각난 이야기들을 연결하려면 우리의 어린 시절이나 조상의 계보를 뒤져야 한다.

반복으로 되찾는 시간

우리 모두 인생의 연결 고리를 찾고 싶어 한다. 서로 연결 고리가 없는 순간들이 무한히 반복되는 것이 인생이다. 어떻게 하면 이를 제대로 보며 만족할 수 있을까? 시간을 지속적으로 이어지게 하려면 어떻게 해야 할까?

> "아무리 최종 목표를 이루었다고 해도 퇴보하지 않으려면(혹은 잊히는 존재가 되지 않으려면) 반복적으로 인생을 채워가야 한다. 반복은 다시 한 번 지속적인 노력이 될 것이다. 그에 따라 결과가 달라지기 때문이다. 사랑도 마찬가지다. 플라톤에 따르면 사랑을 갈망하는 사람이든 사랑을 계속 이어가고 싶은 사람이든 사람에게 사랑은 느끼고 싶어 하는 감정이다."(『철학적 단편에 붙이는 비문학적 해설문』, 81쪽)

최정상급 스포츠 선수라면 여기서 키에르케고르가 무슨 말을 하는지 와 닿을 것이다. 지금의 수준에 오르기까지 선수는 노력과 희생을 많이 했다. 그리고 이 수준을 계속 장기적으로 유지하려면 매일 똑같이 노력과 희생을 하고 또 해야 한다. 편히 쉴 수 있는 정상이란 존재하지 않는다. 선수는 잘 알고 있을 것이다. 승리는 쉽지만 계속 승리를 거머쥐는 일은 어렵다. 노력한 다음에도 편히 쉴 수가 없다. 현재 갖고 있는 것을 유지하려면 끝없이 노력해야 한다. 키에르케고르는 이를 가리켜 '반복'이라고 불렀다.

환상 때문에 너무나도 일찍 끝나버린 수많은 사랑 이야기도 마찬가지다. 두 연인은 결혼을 하거나 아이가 태어나면 사랑이 결실을 맺었다고 생각한다. 하지만 10년 전 처음 만났을 때와 마찬가지로 상대방에게 계속 매력적인 존재로 남으려면 늘 노력해야 한다는 것을 모른다. "왜 그래야 하지요? 중요한 결실은 다 이루었는데요! 결혼을 했고 사랑을 찾았어요." 두 사람이 말한다. 하지만 과거형으로 말하는 이야기는 과거일 뿐이다. 사랑이 완전한 행복으로 가는 길이 되려면 절대로 지금 상태로 만족해서는 안 된다. 사랑은 멈추면 식어간다. 시간이 지날수록 처음 느꼈던 열정에서 맛본 완전한 행복은 계속 옅어지기 때문에 매 순간 그때의 행복을 되찾기 위해 노력해야 한다. 이러한 노력이 있어야 사랑은 오랫동안 이어질 수 있다. 일시적인 흥분에 불과한 초기의 감정(낭만적인 사랑)을 믿어서는 안 된다. 사랑을 지속하려면 어떻게 해야 할까? 하루, 일주일, 몇 달이 아니라 10년, 20년, 30년, 평생을 말하는 것이다. 비결은 간단하다. 어쩌다 하는 이벤트성 행동보다는 매일 하는 소소한 행동이 더 가치 있다. 평소 사랑하는 사람에게 무심한데 특별한 날이 되어야 달을 따준다고 해보아야 무슨 소용이 있는가?

"낭만적인 사랑은 순간적으로 멋지게 느낄 수 있지만 부부의 사랑은 그렇지 않다. 아무리 이상적인 남편이어도 일상에서는 평범한 사람이다. 다른 왕국과 나라를 정복하는 영웅의 모습이 되고 싶다고 해도 순간적일 때에만 멋지게 보일 수 있다. 매일 십자가를 든 십자군 병사가 벌이는 전쟁은 일상이기 때문에 시나 예술로 멋지게 포장되지 않는다."(『이것이냐 저것이냐』, 447쪽)

소소한 행동으로 꾸준히 유지하는 일상은 언뜻 멋지지 않고 밋밋하게 보일 수 있다. 풍자적인 작가 P. J. O'루크^{P. J. O'Rourke}는 이런 말을 했다. "모두 지구를 구하고 싶다는 말은 하지만 정작 어머니의 설거지를 돕고 싶다는 사람은 한 명도 없다." 이상으로 남아 있는 낭만적인 사랑의 잣대로 보면 부부의 사랑은 완벽하지 않아 보인다. 찰나의 빛나는 순간에서 멀어질수록 현재의 시간을 살고 절대적인 이상은 서서히 사라지는 것 같다고 생각한다. 찰나의 사랑은 완벽했지만 계속되는 사랑은 끝없이 시간과 싸운다. 사랑은 지속되려면 지나친 환상에서 벗어나야 한다. 물론 일상의 사랑은 낭만 가득한 열정에 비해 멋지지는 않다. 하지만 '위대한 열정'도 오래가지 못한다면 무슨 의미일까? 일시적이고 가벼운 연애와 무엇이 다를까? "여러분은 8월까지 연인으로 지냅니다."* 랭보가 비꼬듯이 말했다. 부부의 사랑은 더도 덜도 아니고 낭만적인 사랑의 약속을 지키기 위한 노력이다. 사랑을 지속하기 위한 구체적이고 끈기 있는 노력은 에너지를 무료로 사용하는 것보다 의미 있다.

"지속적인 노력은 존재하는 주체가 살아가는 윤리적인 인생을 표현한다."(『철학적 단편에 붙이는 비문학적 해설문』, 81쪽)

노력과 반복이 보여주는 꾸준함이야말로 윤리적인 인생에서 나타나는 공통적인 특징이다. 지금의 모습만을 유지하려는 미학적인 인생은 끝이 보이는 환상만이 있을 뿐이다. 하지만 미

---

* 　아르튀르 랭보, 『소설Cahier de Douai』.

학적인 인생을 살아야 진정한 자신의 모습을 찾아 만족하게 된다고 생각한다. 그런데 이것이 환상이다. 계속 노력해도 완벽한 모습이 될 수 없기 때문이다. 사랑도 완벽할 수 없다. 따라서 자신을 바라보는 평소의 태도를 근본적으로 바꾸어야 한다. 진정한 우리의 완벽한 모습을 되찾으려 하지 말고 앞으로는 지금과 다른 새로운 모습이 되기 위해 노력하는 것이 현명하다. 여기서 필요한 것이 선택과 결심이다.

짚고 넘어가기

1 다음에 계획을 세울 때는 한순간의 감정으로 흥분하지 말자. 순간에 한 결심은 오래가지 않기 때문에 탄탄한 이유를 준비하는 것이 좋다. 예를 들면, 지금 당장 간절하다는 이유만으로 결혼을 하겠다거나 아이를 갖겠다고 결심하지 말자. 장기적으로 보려면 조금 더 타당한 이유가 필요하다. 행동에 앞서 분명한 이유를 대고 10년 후에도 지금의 마음이 변하지 않을 자신이 있는지 생각해보자.

2 온라인 연애는 현실과 절대로 마주칠 일이 없기 때문에 실제 연애보다 매력적이다. 직업은 꿈을 꾸고 있을 때가 더 매력적으로 다가온다. 하지만 막상 해보면 어려운 점이 많이 생길 것이다. 어려운 점이 있다고 직업을 잘못 선택했으니 다른 길을 찾아야겠다는 생각을 하지 말자. 그보다는 나아지는 과정이기 때문에 어려움도 눈에 보이는 것이라고 생각하자.

3 계획을 이룰 수 있는 시간을 마련해보자. 우선 매일 어떤 일을 언제까지 할 것인지 장기적으로 계획을 세우자. 몇 주 만에 큰일을 이룰 수는 없다. 일상을 계획에 맞추어야 기한 내에 계획을 이룰 수 있다. 그렇지 않으면 끝내기도 전에 일찌감치 포기하고 싶다는 마음이 생긴다.

진정한 자기 선택

우리의 정체성은 저절로 주어지는 것이 아니라 갈고 닦아야 하는 대상이다. 따라서 지금 우리의 모습은 우리가 만든 것이다. 자기변명을 하려는 것은 자유를 부정하는 것과 같다. 이러저런 것을 할 자유뿐만 아니라 우리의 모습을 선택할 수 있는 커다란 자유도 부정한다고 할 수 있다. 이런 자유가 없으면 윤리적인 책임도 질 수 없다.

미학: 선택하지 않는 것을 이상으로 삼다

이러저런 선택을 피할 수는 없다. 우리의 모습은 저절로 형성될 수 없으며 무조건 원하는 대로 살겠다는 마음은 무모하다. 따라서 당연히 우리는 선택을 해야 한다. 앞으로 어떠한 모습이 되고 싶은지, 다른 사람들 앞에서 어떤 모습이 될 것인지를 선택하는 것은 우리의 몫이다. 삶의 미학이라는 태도에서 멀어질 수 있는 기회다! 삶의 미학을 추구하면 자기중심적이 될 뿐이다. 미학적인 삶에서는 결정을 해도 우리 자신에게 이익이 될지를 우선 따진다. "이 남자는 내게 필요한 사람일까?" "이 직업을 하는 것이 맞을까?" "떠나야 하나? 아니면 남아 있어야 하나?" 이런 생각을 하는 것이다. 이런 생각을 하면 잘못된 선택은 판단 착오, 앞을 제대로 보지 못해 한 실수로만 본다.

　미학적인 개인이 추구하는 이상이란 선택해야 하는 의무는 줄이고 자신에게 이득이 될 것을 알아보는 능력을 키우는 것이다. 흔히 우리가 '선택하다'라고 부르는 것은 자신에게 다가온 문제를 해결하는 최선책만을 의미할 때가 많다. 그러다 보니 아예 아무것도 선택하지 않는 일도 생긴다. 그 대신 최선책을 찾았다 하면 바로 선택하려고 한다. 해결책이 곧 최선의 결정이기 때문이다. 과연 이것이 좋은 결정이 맞는지를 의심해야 완벽한 선택을 할 수 있다고 생각한다.

　그런데 이러한 생각은 완전히 착각이다. 우선 시간이 부족하고 꼼꼼히 검토해볼 시간도 없이 선택해야 할 일이 많기 때문이다. 결정자와 같은 일을 하는 사람들은 리스크 제로는 존재하지 않는다는 사실을 알고 있다. 좋은 결정이 정말 좋은 것이 되려면 '적절한 순간'에 해야 한다. '적절한 순간'은 '긴급하게'를 의미할 때도 있다. 결정을 내려야 하는 순간이 오면 '최선의' 결정을 내리는 데 도움이 되는 정보를 일일이 기다릴 수가 없다. 그런 자유는 거의 주어지지 않는다. 완벽한 선택만 하려고 시간만 보내다가는 아무런 결론도 나지 않을 것이다! 우리가 끝없이 생각하는 이유는 완전히 만족스러운 자아를 만들 수 있는 연금술 같은 비법을 찾으려 하기 때문이다. 완벽하게 만족할 수 있는 자아 자체가 존재하지 않는다.

자기 자신이 된다는 것: 양심에 어긋나지 않는 자신을 선택하는 일

내가 열렬히 사랑에 빠졌다고 해보자. 이 사랑이 내게 꼭 필요한 사랑이라고 어떻게 절대적으로 확신할 수 있을까? 내가 그림이나 글쓰기에 재능이 있다고 해보자. 이 재능이 곧 나의 정체성이라는 것은 어떻게 확신할 수 있을까? 깊이 생각해본 끝에 마음속 가장 깊은 곳에 숨어 있던 욕망을 되찾았다고 해보자. 그렇다면 그 욕망이 곧 나 자신이 되어야 하는 것일까? 그 욕망을 부정하면 나 자신을 부정하는 일이 될 정도로? 유명한 기타 연주가가 되고 싶다는 욕망을 포기한다면 정말로 나 자신을 포기하는 일일까? 우리가 아무리 신중하다고 해도 의심은 언제나 남아 있다. 정체성이란 불확실하기에 당연히 나올 수밖에 없는 의심이다.

우리 자신에 관한 정보가 부족한 것은 문제가 아니다. 문제는 우리가 선택하지 않으면 '자아'는 존재하지 않는다는 것이다. 우리가 완벽히 바라는 모습대로 될 수는 없다. 하지만 노력하면 우리 안에 숨어 있는 가장 강렬한 욕망, 가장 솔직한 우리의 감정, 가장 두드러진 우리의 재능을 객관적으로 관찰할 수 있다. 그렇다 보니 '나는 누구인가?'라는 질문에 대한 대답은 결국 선택과 관련이 있다.

"그가 이렇게 말한다. '저는 그림에 재능이 있습니다. 하지만 우연히 발견한 재능 같습니다. 그런데 제가 지닌 남다른 재치는 진정한 정체성 같습니다. 재치를 빼면 진정한 저 자신이 아닌 것 같습니다.' 이 말에 나는 이렇게 대답할 것이다. '그렇게 구분하는 자체가 착각입니다. 그 재치와 명민함을 의무이자 책임져야 할 것으로 받아들이는 태도가 중요합니다. 재치와 명민함은 원래부터 부여된 것이 아니지요. 지금 댁은 미학적인 인생만 살고 있기 때문에 앞으로도 인생은 그야말로 확고한 중심이 없는 인생이 될 수 있습니다.'"(『이것이냐 저것이냐』, 540쪽)

정체성을 이루고 있다고 생각하는 모은 것(재능, 욕망, 충동

등)이 그야말로 '우리의' 정체성이 되려면 이 모든 것을 있는 자발적으로 받아들여야 한다. 앞의 글이 주는 교훈이다. 예를 들면, 정신분석학에 따르면, 내면의 충동을 무의식 속에 억제하지 않고 있는 그대로 받아들이기만 하는 것은 진정으로 인정하는 일이 아니다. 그동안 외면해왔던 내면의 충동을 진정한 정체성으로 인정하는 일과는 관계가 없다는 뜻이다. 우리가 의식적으로, 자발적인 행동으로 우리를 있는 그대로 인정하고 받아들이지 않으면 엄밀히 말해 우리의 진정한 정체성이 아니다. 그 누구도 우리가 자유롭게 받아들이지 않은 정체성을 우리에게 강요할 권리는 없다.

예를 들면, 자신의 동성애 사실을 공식적으로 알릴 마음이 전혀 없는 사람에게 마음이 편해질 테니 커밍아웃 하라고 강요하는 것은 엄연히 폭력 행위다. 그 누구도 당사자 대신 이런저런 성 정체성을 가져야 하느니 말아야 하느니 결정할 권리가 없다. 그 누구도 당사자 대신 정체성을 정해줄 권리는 없다.

우리는 스스로 선택할 자유가 있다

앞의 마지막 문장은 중요하다. 모든 결정론에서 자유로울 수 있는 우리의 놀라운 능력을 증명해주기 때문이다. "제 잘못이 아니에요." 법정에 출두한 범죄자가 하는 말이다. 범인이 이렇게 말하자 그의 가족 내역과 사회적 배경이 전부 나열되면서 그가 어떻게 범죄자가 되었는지 분석하려는 시도가 이어진다. 이렇게 결정론적인 관점에서 바라보면 범인의 개인적인 책임은 약해진다. 개인에게 변명의 여지를 준다. 사회, 가족, 역사 같은 수많은 요소들이 끝없이 우리의 삶에 영향을 끼치는 것은 맞다. 이러한 요소들이 우리의 행동이나 생각 방식에 영향을 끼치기 때문이다. 하지만 그렇다고 해서 우리 인간이 무조건 외부 요소에 따라 결정된다고 생각한다면 지나친 비약이다.

'행동하게 되었다'와 '행동할 마음을 먹었다'는 엄연히 다르다. 행동할 마음을 먹은 사람을 예로 들어보자. 위협적인 칼 앞에서 돈을 내주기로 한 사람이 있는데, 칼 앞에 굴복하지 않을 가능성도 있다. 아무리 위협적인 칼이라도 그의 선택 자유를 완전히 꺾지는 못한다. 물론 위협적인 칼이 무서워 순순히 돈을 포기하는 것을 생각할 수는 있어도 역시 자신의 자유의지로 선택한 길이다. 반대로 '행동하게 되었다'는 나의 자유의지가 완전히 박탈당한 상태다. 무언가를 하기로 마음먹은 것은 나의 자유와 관계되어 내가 자유로운 존재로 개입한 것이라면, 무언가를 하게 되었다는 것은 나의 자유가 없어진 상태와 관계되어 내가 무생물처럼 완전히 수동적인 존재로 끌려간 것이다. 이처럼 두 가지는 완전히 다르다!

인간에게는 언제나 스스로 선택할 자유가 있다는 말을 하는 것은 순진한 낙관주의가 아니다. 개인이 자라온 환경이나 문화의 산물이라는 결정론의 운명주의를 거부하는 일이다. 현대의 정치가 이룩한 장점이 하나 있다면 이와 같은 운명주의를 과감히 거부했다는 것이다. 실제로 17세기부터 내려온 우리의 정치 시스템은 다른 조직들과 마찬가지로 개인들의 자유로운 활동을 탄생시켰다. 이를 가리켜 정치 자유주의라고 한다. 자유주의 이론을 살펴보면 개인은 더할 나위 없이 자유로운 존재로 자라온 배경과 과거에 얽매이지 않으며 다른 사람들과 자유롭게 단체를 세울 수 있다고 되어 있다.

자유주의 덕분에 인간은 전통이라는 무거운 짐에서 해방되었다. 요즘 자녀들은 부모 앞에서 개인의 자유를 요구할 수 있다. 원하는 사람과 결혼할 수 있는 자유, 원하는 직업을 선택할 자유가 그것이다. 이렇게 자유를 주장할 수 있는 것은 자유주의 덕분이다. 자유주의 덕분에 각 개인을 자유로운 독립적인 존재로 생각하는 시각이 생겨났다. 개인은 가족이나 공동체에게 물려받은 유산을 받아들이거나 거절할 수 있다. 이렇게 보면 개인은 자유를 무한히 누리고 있다. 개인이 자라온 환경이나 배경의 철저한 산물일 뿐이라는 주장을 내세우면서 부정하려고 해도 할 수 없는 것이 개인의 자유다. 결정론은 자라온 환경이나 배경에서 개인이 멀어지려고 하면 자신을 부정하는 것이라고 주장한다. 하지만 결정론적인 입장은 잘못된 것이다. 아이가 가풍을 존중하는 교육을 받았다 해도 이렇게 전수받은 가치를 스스로 받아들여야 자신의 가치가 된다. 부모님의 이야기가 아이의 이야기가 되려면 아이가 받아들이겠다고 선택해야 한다. 전수받은 가치는 아이가 거부하면 그 아이의 가치가 아니다. 따라서 개인은 지점토처럼 부모와 조상의 손길을 그대로 받아들이는 사물이 아니므로 교육받은 대로 그대로 묵묵히 따르지는 않는다.

스스로 결정한다고 해서 자신을 새롭게 창조하는 것은 아니다

키에르케고르는 자유주의 역시 개인 지상주의*를 내세우는 다른 근대 이론과 마찬가지로 부작용이 있는 논리라고 보았다. 자유주의 역시 개인 지상주의 이론과 마찬가지로 인간이 유한한 존재라는 사실을 부정하는 오만한 실수를 불러일으킨다는 것이다. 우리 스스로 선택할 수 있는 자유가 의미하는 바가 구체적으로 무엇인지 제대로 알지 못해서 생기는 오류다.

---

* 이 책의 2부 중 「개인 지상주의라는 오만함」을 참조하라.

"요즘 우리가 받아들이는 몇 가지 사실은 자연현상에 관한 것이다. 정신 현상과 관계된 것이라면 받아들이지 않았을 것이다. 그런데 우리는 유별난 짓을 하고 싶어 하지도 않고 자신을 왜곡하고 싶어 하지도 않지만 가족마저도 본질이 아니라고 생각하고 싶어 한다. 가족은 개인의 일부다. 일부 중 하나가 고통스러우면 모든 부분이 고통스럽다. 개인이 의지와 관계없이 그렇다. 사람은 가족이 자신이 명예를 더럽힐까 봐 걱정한다. 왜 그럴까? 그 자신이 고통을 느끼기 때문이 아닌가? 개인은 의지와 관계없이 이 고통을 받아들일 수밖에 없다. 하지만 출발점은 개인이지 가족이 아니다. 이처럼 강요받은 고통은 최고로 괴롭다. 인간은 자연을 완전히 지배할 수 없으면서도 자연을 지배하고 싶다는 꿈을 꾼다."(『이것이냐 저것이냐』, 125쪽)

키에르케고르가 하고자 하는 말이 무엇인지 살펴보자. 아이는 전수받은 유산을 자유롭게 거부하거나 받아들일 수 있지만 스스로 새로운 유산을 창조할 수는 없다. 좋든 싫든 그의 가족은 하나뿐이고 그가 소유한 유일한 문화는 전수받은 문화다. 아이는 가문의 유산과 연을 끊고 자유롭게 반대하는 선택을 할 수 있다. 이렇게 보면 선택의 자유는 범위가 무한한 것 같다. 하지만 아이는 스스로 자신을 만들 수는 없다. 그럴 자유는 없다. 아이가 어떤 선택을 하든 원래의 가족과 문화와는 언제나 끈끈하게 연결되어 있기 때문이다.

따라서 개인이 가족 관계나 물려받은 문화를 부정하면 곧바로 자유로울 수 있다는 생각은 잘못되어도 한참 잘못된 착각이다. 형제, 자매, 아버지, 아들, 혹은 과거와 연을 끊는다고 해서 그 관계에서 완전히 해방되지는 못한다. 과거를 부정하는 것은 여전히 과거와의 관계를 신경 쓴다는 의미다. 결론적으로 말하면 자신의 과거를 부정한다고 해서 과거를 잊는 것은 아니다. 과거가 마법처럼 스스로 사라질 일은 없지 않은가. 과거는 절대로 내 마음대로 하지 못한다. 내가 과거를 부정한다고 더 이상 내 과거가 되지 않는 것은 아니다. 과거를 받아들이지 않고 부정하는 것은 자신의 선택이나 과거를 부정하려면 또 다른 것을 연속 부정해야 한다! 과거와 완전히 연을 끊고 살 수 있다고 생각한다면 매우 위험한 착각이다. 과거를 부정할수록 내 생각과 달리 과거에서 완전히 자유로운 것이 아니라 오히려 그 어느 때보다 과거의 존재를 생생하게 느낀다. 자신의 배경을 잊는다고 그 배경이 사라지지 않으며 오히려 그 반대로 무의식 속에서 통제할 수 없을 정도로 따라다닌다. 모든 과거에서 해방되었다고 믿으며 더 이상 우리 이야기를 쓰지 않지만 사실은 과거의 그림자를 늘 안고 있다.

마찬가지로 형제도 내 마음대로 할 수 있는 것이 아니다. 내가 형제를 만나지 않겠다고 해서 갑자기 내 형제가 아닌 것은 아니다. 형제와 연을 끊을 수는 있지만 다른 형제를 다시 만들어낼 수는 없다. 다른 형제를 만들 수 있다고 믿어도 원래의 사실을 부정한다는 괴로움이 따른다. 이에 대해 키에르케고르는 이렇게 설명한다. 수치스러운 형제와 더 이상 만나지 않은 지 수년이 되었다 해도 그 형제와 나는 같은 성씨를 사용하기 때문에 완전히 벗어날 수가 없다. 이와 관련해 키에르케고르는 가족을 개인이 마음대로 할 수 없는 '본질'이라고 말한다. 정신분석이 생겨난 이후로 가족과의 관계, 특히 부모와의 관계에서 비롯되는 고통은 명확히 밝혀졌다. 하지만 가족 관계에서 비롯된 고통이 현재 정신질환의 원인이 될 정도라면(강요된 고통은 최고로 괴롭다) 키에르케고르가 말한 것처럼 그 고통의 본질을 제대로 이해하지 못했기 때문이다. 우리는 무한한 자유가 있다고 생각하는데 가족 관계로 인한 감정적인 고통이야말로 자유가 무한히 주어지는 것은 아니라는 현실을 인식시켜주는 존재다!

스스로 확신하다

스스로 선택한다고 해서 아무 모습이나 선택하라는 것이 아니다. 진정한 자신을 선택하라는 뜻이다. 하지만 우리가 이미 무의식중에 하고 있는 행동이 아닌가? 실제로 나 자신을 '찾았다'는 착각에 빠진 사람이야말로 자신을 스스로 선택한 것이 아닐까? 다른 방법이 없다면 어떻게 해야 하는가? 한편으로는 맞는 지적이다. 하지만 늘 스스로 선택한다고 해도 무의식적으로 하는 것이다. 어느 정도 각오해서 하는 것도 있기는 하다. 여러분은 대부분 이러한 선택을 제대로 이해하지 못하고 있다. 진정한 자기 선택과는 차이가 있다.

은연중의 선택이 확실한 선택으로 발전하는 것이 중요하다. 흔히 개성이 강하다고 하는 사람들은 의식적인 각오를 하기에 두드러져 보인다. 예를 들면, 비평가들은 루소의 성격이 과장이 난무하고 인위적이라며 오랫동안 비판했다. 그의 『고백』에 이런 성격이 잘 드러난다. 반대로 장 스타로뱅스키Jean Starobinski는 루소를 가리켜 진정한 자신을 구축하는 표준적인 모델로 본다.

"심리학이 진지하게 깊게 연구하면 쉽게 찾아낼 수 있는 사실이 있다. 의식이 확신을 얻고 우유부단한 삶의 영향력에서 벗어나 의미 없는 '일상의' 삶에 몰입할 수 없는 상태가 된 사실이다. 원래 선택이란 극단적이다. 하지만 여기에 나타난 선택의 길은 반드시 따라야 하는 길이다. 자신의 태생과 사회적 지위에 대한 장 자크의 충실함이다."*

여기서 스타로뱅스키가 들려주는 설명은 좋은 본보기가 된다. "의식은 확신을 얻는다." 즉, 우리는 자유롭게 선택해 어떤 사람이 되려고 한다. 우리는 은연중에 이상적인 자신의 모습이 되고자 그에 맞는 선택을 하며 행동한다. "자신이 원하는 모습을 선택하기 위해 매번 결정이라는 것을 한다." 키에르케고르의 말이다. 아내, 아이들과 함께 시골에 터를 잡기 위해 대도시의 번잡함에서 벗어나기로 한 남자가 있다고 해보자. 이 남자가 되고 싶어 하는 자신의 모습이 고스란히 반영된 결정이다. 빛나는 커리어가 보장된 바쁜 임원이 아니라 가족과 소박하게 사는 아버지가 그가 꿈꾸는 모습이다.

문제는 우리가 '진정한 자신의 선택'을 잘 모를 때가 많다는 것이다. 진정한 자신의 선택은 의식적인 각오로 하는 것이 아니다. 의식적인 각오가 있어도 사람은 자기 본연에 충실해질 수 없다. 구체적인 예를 통해 살펴보자. 식탐에 약한 사람이라면 초콜릿 에클레르 신제품의 유혹을 뿌리치기가 힘들다. 날씬한 몸을 유지하려면 초콜릿 에클레르는 먹지 말아야 한다는 것을 잘 알고 있다. 하지만 아무리 날씬한 몸매를 갖는 것이 꿈이라 해도 너무 막연한 꿈이라서 초콜릿 에클레르의 유혹에 오랫동

---

*　장 스타로뱅스키, in 장 자크 루소, *OEuvres complètes*, (ed.), B. Gagnebin, *La Pléiade*, Gallimard, p. XLVI~XLVII.

안 견디는 힘은 되지 못한다. 물론 우리가 단단히 결심하면 상황은 달라진다. 즉, 의식적으로 각오해 몸매를 유지하기로 결심하는 것이다. 초콜릿 에클레르의 유혹은 여전히 강하지만 단단한 각오로 무장되어 있어 유혹에 견딜 수 있다. 우리가 스스로에게 부여한 과업 같은 각오다.

자신에 대한 선택도 마찬가지다. 자아가 너무 강해 일상의 행동에 고스란히 나타나는 사람들이 있다. 자아가 강하다는 것은 자기중심주의나 나르시시즘과는 전혀 관계없다. 자기중심적인 사람은 어떤 사람이 되겠다는 계획 없이 현재의 자기 모습에 만족한다. 지금의 자신에 흡족해한다. 반대로 자아가 강한 사람은 지금의 자신이 모습에 만족하지 않으며 어떤 사람이 되겠다는 계획이 있다. 자신에게 충실하다는 것은 계획에 충실하다는 뜻이다.

1960년대 심리학자 스탠리 밀그램은 실험 하나를 제안했다. 그가 제안한 실험은 개인들이 권위에 순종하는 것을 보여주는 것으로 유명해졌다. 결과는 놀라웠다. 실험에 참가한 사람들은 대부분 합법적인 권위의 명령에 저항하지 못했기 때문이다. 사람들은 무고한 피해자를 점점 강한 전기로 감전시켜 죽이라는 명령을 받은 것이다. 명령을 거절할 수 있었던 사람들은 내면이 강한 사람들이었다. 내면이란 무엇인가? 강인하고 결심이 확고

한 자아다. 이렇게 내면이 강한 사람은 본인이 절대로 되고 싶지 않은 존재, 즉 살인자는 되지 말라고 속삭이는 자아의 말을 따랐다.

짚고 넘어가기

1   스스로 선택하겠다고 결심하자. 아무리 여러분에 관한 필요한 정보가 많이 있다고 해도 여기에 얽매이지 말고 선택은 자유의지로 하자. 선택의 자유를 받아들이자. 겉으로 나타난 자신의 모습에 억지로 맞추려고 하지 말고 진정한 자기 선택을 하자.

2   무엇이 되겠다는 선택을 할 수 있다면 무엇이 되지 않겠다는 선택도 할 수 있다. 선택을 할 때는 일부 가능성을 배제한다. 이렇게 포기하는 것도 정체성에 충실한 것이라고 생각하자. 어머니의 입장이라고 무조건 모성애를 선택하지는 말자. 선택과 양립할 수 없는 것은 전부 배제한다. 예를 들면, 어머니의 입장이라고 해도 조용히 혼자 있고 싶을 수 있다. 이것이 충족되지 않으면 여러분의 반쪽뿐인 선택이 된다. 반쪽짜리 선택을 한다면 선택하지 못한 것에 대해 후회하며 씁쓸해할 수 있다.

3 나 자신을 완전히 원하는 모습으로 만들 수는 없다는 현
실을 받아들이자. 자신의 과거나 가족은 선택할 수 없다.
새로운 직업을 선택하고 싶거나 젊게 살고 싶은데 너무
늦은 것 같다는 생각을 하며 분노하지 말자. 마흔에도 십
대처럼 살 수 있다. 그런 선택을 하면 된다. 해도 되는 선
택이다. 물론 아무리 노력해도 나이 자체에서 완전히 자
유로울 수 없는 것도 현실이다.

4 자신이 어떤 남자 혹은 어떤 여자인지 생각하지 말자. 그
보다는 앞으로 어떤 남자 혹은 여자가 되고 싶은지 흰 종
이에 펜을 들고 써보자. 이를 위해서는 이상적으로 생각
하는 자신의 모습이 필요하다. 이것이 없으면 정체성이
확립되지 않아 상황에 따라서, 타인의 시선에 따라서 자
신의 정체성 모델이 흔들리게 된다.

이상 추구

스스로 선택한다는 것이 여전이 막연하게 느껴질 수 있다. 구체적으로 어떻게 해야 스스로 선택하는 것일까? 가능성이 많은 만큼 자기 선택 방식도 여러 가지다! 우리 모두 다양한 재능, 모순적인 취향, 다양한 소속감, 서로 다른 가능성을 지니고 있다. 선택이 이렇게 복잡한데 어떻게 하면 정신 똑바로 차리고 할까?

키에르케고르가 보여준 것처럼 사실, 이는 그리 심각한 문제는 아니다. 윤리적인 선택을 하면 간단히 해결되는 문제이기 때문이다. 윤리적인 선택에서는 이것이냐 저것이냐 중에 하나만 선택하면 된다. 즉, 좋은 것이냐 나쁜 것이냐 중에 하나만 선택하면 된다.

"이것이냐 저것이냐를 따지는 것은 좋은 것과 나쁜 것 사이에서 하나를 선택하는 일이다. 하지만 절대적으로 윤리적인 선택이다. (……) 윤리적인 선택은 어떤 의미에서는 훨씬 쉽고 간단하다. 또 어떤 의미에서는 한없이 어렵다. 살면서 윤리적인 선택을 하고 싶은 사람이라면 선택하는 행위 자체는 큰 문제가 아니다. 스스로 선택하느냐가 훨씬 중요한 문제이기 때문이다."(『이것이냐 저것이냐』, 472쪽)

윤리적인 선택을 한다고 해서 한없이 자기 성찰을 해가며 재능, 취향 등을 정할 필요는 없다. 개인의 삶 자체가 중요하지 앞에 열거된 것들은 부차적이다. 여러분이 예술가이든 공무원이든, 활달한 성격이든 수줍든 성격이든, 물려받은 전통을 인정하든 인정하지 않든 상관없다. 현실에서는 중요한 요소일 수 있겠으나 윤리적인 선택에서는 더 중요한 것이 있다. 자신이 한 구체적인 선택이 가치가 있으려면 방향이 되어줄 수 있는 중심적인 선택 하나가 있어야 한다. 어떤 사람이 되고 싶은지 선택한다는 것은 인간으로서의 자기 모습을 선택하고 싶다는 의지다. 즉, 우리의 삶에서 중요하게 드러내야 하는 것은 특이한 삶이 아니라 군더더기 없는 삶이다.

윤리적인 의도: 나 자신에게 충실하기

자신다운 모습을 선택하는 것은 모든 사람이 꿈꾸는 완전한 행복이다. 우리에게 방향이 되어줄 이상적인 자아는 영원불멸과 유한한 시간, 자유와 필연성이 마침내 톱니바퀴가 맞물리듯 조화를 이루는 상태, 즉 꿈꾸던 최고의 만족을 가져다준다. 좋은 것을 선택하는 윤리적인 선택을 해야 하는 이유다. 윤리적인 선택은 약속이라 부르기도 한다. 가장 무자비한 범죄자들 사이에서도 약속을 지키는 일은 명예와 관계된다. 그런데 약속의 의미는 무엇일까? 약속은 지나가는 시간을 영원불멸한 것으로 만들려는 의지다. 실제로 약속을 지키는 것은 시간에 의해 변화가 일어나도 그 모습 그대로 있겠다는 노력이다. 상황이 변해 약속을 지키지 못했다는 변명은 큰 실수다. 쉽게 저버릴 수 있는 것은 더 이상 약속이 아니다. 또 한편으로 약속은 꼭 필요한 것이라면 자유로운 선택으로 하겠다는 마음이다. 약속을 할 때는 자유롭게 이런저런 말을 한다. 동시에 말을 내뱉으면 의무가 되어 더 이상 부인할 수 없게 된다. 약속을 지켜야 하는 필연적인 상황은 여러분의 자유에서 나온 것이지만 진정으로 필요해서 한 것이다.

윤리적인 의도도 마찬가지다. 더 나은 세상을 만들고 싶다는 마음은 현재 살고 있는 세상을 회피하겠다는 것도 아니고 부정하겠다는 것도 아니다. 반대로 현재의 세상을 살되 자유와 영원 불멸한 것을 추구하며 이것을 현실에서 실현하기 위해 노력하겠다는 뜻이다. 흐르는 시간을 영원불멸처럼 생각하겠다는 마음이다. 거짓말하지 말고 배반하지 말고 도둑질하지 말아야 한다고 생각하는 것은 나쁜 행동들은 습관이 되면 오래갈 수 있기 때문이다. 동시에 윤리적인 의도는 필연적인 상황을 거부하지 않고 자유의지로 선택하는 일이다. 베드로 사제와 테레사 수녀가 존경을 받는 이유는 자유의지를 구체적으로 실천해서다. 해야 할 일을 받아들여 가장 힘든 상황에 놓인 가난한 사람들에게 그들은 따뜻한 손을 내밀었다. 인생에서 윤리적인 의지는 자신을 나타내는 가치다.

윤리적인 선택은 완전한 행복이라는 이상을 포기하지 않고 여기에 충실할 때 나온다. 충만한 기분을 느끼기 위해 이상적인 자신의 모습을 받아들이는 방식이다. 내 안의 모습에 충실하고 싶다는 모습이 간절하면 절대로 자신에게 맞지 않는 모습을 그대로 참고 견디지 않는다. 명예와 관계된 문제로 보는 것이다. 내 안의 모습은 생명력이 넘치고 완전한 행복을 열망한다. 자신에게 맞지 않는 모습은 자기부정이요 자기 상실과 같다. 우리는 더욱 고귀하고 발전된 모습을 추구하며 앞으로 나가야 한다. 자기답지 않은 모습은 이상을 배반하는 일이기 때문이다.

사악한 의도: 이상을 욕보이려는 의지

윤리는 이상에 충실할 때 의미가 있다. 이상이야말로 윤리가 존재하는 원인이자 동기다. 그뿐만 아니라 비도덕적인 결정도 이상에 충실하지 않아서 생긴다. 윤리적인 의지가 있다면 나쁜 짓을 하려는 의지도 있다. 영원한 사랑이라 믿었던 여자가 떠나자 남자는 갑자기 잔혹한 파괴자로 변신했다. 어떻게 이럴 수 있을까? 이별하는 순간 남자는 영원할 것이라 믿었던 이상적인 모습의 사랑이 흐르는 시간 속에서 깨져버렸다는 것에 충격 받았기 때문이다. 남자에게는 세상이 무너져 내리는 것 같은 충격이었다. "사랑이라는 이상은 거짓이다. 그렇다면 이 가증스러운 거짓은 사라져야 해!" 그리고 남자는 간직해야 할 좋은 것이고 뭐고 닥치는 대로 파괴하기로 한다. 한때 너무도 아름다웠던 사랑은 철저히 폐허 같은 모습이 되었고, 한때 진심으로 사랑했던 여자는 인정사정 봐주지 않고 파괴해야 할 적이 되었다.

광기어린 파괴의 의지가 파괴에 몰두하는 당사자에게 의미가 있으려면 영원불멸이라는 존재에게 도전할 수 있을 정도여야 한다. 파괴 의지는 한때 존재한다고 믿었지만 갑자기 실망스러운 존재로 변해버린 이상을 모욕하겠다는 결심이기 때문이다. 이것 때문에 키에르케고르는 '사악한'이라는 표현을 썼다. 종교에서 말하는 악마 루시퍼의 의지처럼 사악한 의지도 악을 위한 악을 행하는 나쁜 의지다.

"살 속에 박힌 가시(정말로 존재하는 것일 수도 있고 상상일 수도 있다)가 너무 깊어서 뽑아서 제거할 수 없다는 확신이 들자 그는 그대로 두기로 한다. 가시는 그에게 거추장스러운 대상이자 삶 전체는 방해하는 존재가 된다. 그는 도전하기로 한다. 가시가 없는 자신으로 살고 싶은 것이다(다시 뽑아서 없애보든가 포기하든가). 그는 평생 가시에게 도전하기로 한다. 가시를 고통을 주는 무례한 존재로 본 것이다."(『죽음에 이르는 병』, 419쪽)

따라서 사악한 결정은 삶의 모순을 극대화시켜 삶을 파괴적으로 몰아간다. 절망 속을 잘 들여다보면 인생에 보내는 야유, 미친개 같은 도전, 이상을 더럽히고 모욕하고 저주하려는 의지가 숨어 있다. 절망은 양심에 거리낌 없이 모든 것을 조롱하는 방법으로 사악한 의도를 드러낸다. 이미 살펴보았듯이 희극은 실존적인 깊이가 있기에 의미를 찾을 수 있다. 물론 반대로 웃음을 모든 것을 진지하게 보지 않고 조롱하는 방법으로 사용하는 경우도 있다. 노는 시간에 아이들이 재미있자는 생각에, 그리고 과시하고 싶은 마음에 같은 반 아이에게 짓궂게 장난할 때가 있다. "웃기려고 그랬어요!" 시청자들을 웃기기 위해 사람을 모욕하고 욕하고 놀리는 것이 당연한 텔레비전 프로그램도 많다. 웃기기 위해서라면 이런 것쯤은 아무렇지도 않게 허용된다.

도덕의 윤리적 관점: 고의로 못되게 구는 사람은 없다

철학의 전통을 살펴보면 소크라테스로 거슬러 올라가는 이론이 있다. 이 이론에 따르면 우리가 나쁜 행동을 해도 선한 마음이 숨어 있다. 예를 들면, 연인에게 결별을 당한 남자(앞에서 살펴본 남자)가 나쁜 행동을 한 것은 그저 화가 나서다. 남자는 지나치게 감정적이 된 나머지 자신이 나쁜 짓을 하는 것조차 인식하지 못했다. 그가 나쁜 행동을 한 것은 분노 때문이다. 분노 때문에 앞이 안 보였던 것이다. 일단 진정하고 원래의 상태로 돌아오면 남자는 자신이 한 행동을 깨닫고 사과할 것이다. 한마디로, 아무 이유도 없는 사악한 의도란 실제로 존재하지 않는다.

이와 같은 윤리적인 관점은 삶의 미학적인 관점과 관계가 있다. 자신의 행복을 추구하는 데 몰두하는 사람도 고의적으로 나쁜 행동을 하는 것이 아니다. 나쁜 행동을 못 한다는 뜻이 아니라 무언가 비난받을 만한 행동을 했다면 오직 자신에게 이익이 될 것 같아서 한 것뿐이다. 예를 들면, 커닝하는 아이는 커닝이 재미있어서 하는 것이 아니라 단지 점수를 잘 받기 위해서다. 마찬가지로 승진에 목숨을 건 야심가는 직장 동료들에게 잔인하게 나올 수 있으나 일부러 그러는 것이 아니라 자신에게 이익이 되기 때문이다. 삶을 미학적으로 보는 입장에서는 나쁜 행동을 하는 사람을 보면 그 사람에게 그 행동은 행복을 방해하므로 나쁘다고 알려주어야 한다고 주장한다. 예를 들면, 당사자에게 이렇게 말하라는 것이다. "모두 댁처럼 행동한다면 어떻게 될까요? 다른 사람들도 댁에게 똑같이 하면 좋겠어요?" 이렇게 말해야 당사자가 자신의 행복을 위해서는 어느 정도 규칙을 지켜야 한다는 사실을 깨닫는다는 것이다. 혹은 조금 더 결론부터 이야기하는 방법도 있다. "사람들의 눈은 피할 수 있어도 댁의 양심은 속일 수 없어서 행복하지 않을 겁니다!" 어떤 경우라도 행복을 추구하려면 도덕적으로 행동해야 한다고 주장할 때 잘 통한다.

이와 같은 시각 때문에 우리는 결국 완전히 도덕적이지도 않고, 그렇다고 완전히 비도덕적이지도 않은 어정쩡한 태도를 취하게 되었다. 우리는 이익이 된다고 판단하면 나쁜 행동을 할 수 있지만 미학적인 관점에서 보면 나쁜 행동에 취하는 것은 그야말로 광기이자 무분별한 행위다. 우리가 좋아하는 영화 속에 등장하는 최고의 악당들은 이런 부류의 사람들로 광기로 번득인다. 사이코패스이거나 광신도들이다. 한마디로 이성이 마비된 사람들이다. 고의로 나쁜 짓을 하는 이러한 인물들의 행동은 우리의 상식으로는 도저히 이해할 수 없기 때문이다.

미학적인 도덕관념 제로에서 윤리적인 비도덕

우리가 선한 행동을 대하는 태도도 마찬가지다. 우리에게 이익이 되어 자기계발에 도움이 된다고 생각할 때만 선한 행동을 한다. 우리에게 도덕적인 행동은 그 자체가 목적이 아니라 단순한 수단이다. 하지만 수단도 추구하는 목적과 맞을 때 가치가 있다. 도덕적으로는 약간 흠이 있어도 심각한 결과를 낳지 않으면 넘어가는 경향이 있는 것 같다. 살인은 피해자 가족들에게 큰 슬픔을 안겨주기 때문에 끔찍하게 생각한다. 누구나 살인한다면 우리의 개인 행복, 나아가 인생까지도 위험할 수밖에 없게 된다. 하지만 정도의 차이일 뿐 살짝 커닝을 하는 것, 작은 것을 훔치는 것, 조금 거짓말을 하는 것, 약간 배신하는 것은 심각하지 않게 본다. 흔히 사람들은 이렇게 말한다. "사람이 죽지는 않았잖아요!" 우리는 암묵적으로 어떤 결과를 얼마나 심각하게 초래했느냐에 따라 우리 행동의 비도덕성 정도를 측정하는 것 같다.

요즘 냉혹한 탐욕자 같은 주식 투자가들의 지나친 행동이 끝없이 비판받고 있다. 신문 기사는 정치권의 각종 횡령과 부패 사건 보도로 가득하다. 마치 정치인들은 도덕감각을 상실한 사람들처럼 취급한다! 하지만 실제로 정치인들이 우리보다 더 비도덕적이지는 않다. 정치인들도 우리처럼 특별히 비도덕적인 사람들은 아니다. 우리 역시 비도덕적인 것은 아니고 단지 도덕 관념이 없을 뿐이다. 문제는 우리가 나쁜 행동을 하는 것(비도덕성)보다는 선한 행동을 해야 한다는 자연스러운 본성, 순수하게 선한 행동을 하고 싶다는 마음이 사라졌다는 것(도덕관념 제로)이다. 미학적인 관점으로 생각하면 인간이 선한 행동을 하는 이유는 개인적인 행복 때문이다. 개인의 행복을 위해 노력하는 것이 옳다고 생각해서 순수한 마음으로 도덕적인 행동을 하는 일이 많지 않다. 개인에게 이득인지 아닌지의 기준으로 행동의 도덕성을 평가하는 것은 위험하다. 임기 동안 개인적인 이익을 위해 부정부패를 한 정치인은 '다들 이렇게 한다'는 이유를 대며 자신의 행동을 나름 정당화한다.

아내를 두고 바람피우는 남자도 아내가 모르기 때문에 바람피우는 것이 심각한 문제는 아니라고 생각할 수 있다. 이외에도 비슷한 예는 많다. 행동이 어느 정도 심각한지에 대해서는 기준이 불분명하고 늘 상대적이다. 이로 인한 결과는 참담하다.

"마음속에 간직한 사상이 부족해 죄책감을 느끼지 않는다. 지렁이가 이런 생각을 기르면 죄라고 생각하겠지만 인간에게는 그렇지 않다. (……) 지렁이는 욕망이 절제되어 있고 느리며 열정은 크지 않다. 하지만 돈독이 오른 인간은 의무를 다하지만 돈을 갉아먹는다. 인간은 계산을 한다. 지렁이를 속여도 큰 위험은 없다고 생각한다. 인간의 생각이 창피하다! 그래서 나의 영혼은 언제나 구약성서와 셰익스피어를 향한다. 여기서도 인간은 사랑하고 증오하고 적을 죽이고 세대를 통틀어 가족을 욕하고 죄를 짓지만 적어도 사람들은 솔직한 것 같다."(『이것이냐 저것이냐』, 24쪽)

모든 것을 고려할 때 키에르케고르의 주장처럼 도덕관념이 없는 행동보다는 차라리 비도덕적인 행동이 낫다고 볼 수 있다. 적어도 비도덕적인 행동은 윤리적인 차원에서는 평가할 수 있어서다. "사악한 결정은 윤리적이기도 하다. 즉, 윤리적으로 나쁘다." 키에르케고르의 말이다(『인생길의 단계』, 173쪽). 사악한 의도로 나쁜 짓을 하는 사람은 개인의 행복을 추구하지 않는다. 말 그대로 그 행동을 해야겠다는 의식에 사로잡혀 지옥 속에 사는 것이다. 고의적으로 나쁜 행동을 했다면 무엇이 악을 위한 악이고 무엇이 선을 위한 선인지 알고 있는 것이다. 이렇게 보면 나름 윤리적인 인물이다. 이 사람이 오히려 미학적인 평범한 시민보다는 성인에 가깝다. 평범한 시민은 이렇게 야만적인 행동을 하지 않으려고 조심하지만 선과 악의 구분이 상대적이다. "나는 바보, 멍청이." 랭보가 했던 말이다. "그래도 나는 구원받을 수 있다."* 여기에 숨은 의미가 있다. 보수주의자들과 평범한 시민들은 저주받은 시인 랭보의 방탕한 삶을 비판하지만 지옥에 떨어진 기분이 어떤 것인지는 모른다. 그러면서 어떻게 구원받기를 바랄 수 있을까?

---

* 　아르튀르 랭보, 『지옥에서 보낸 한철』.

짚고 넘어가기

1   간단한 실험을 해보자. 거울을 보며 인생을 돌아볼 때 아
     주 나이가 든 자신을 상상해보자. 이런 질문을 해보자.
     "살아서 했던 일에 만족스러운가?" 이런 연습을 자주 반
     복해 어떤 사람이 되어야 하는지, 결국 남아 있는 것 중 가
     장 중요한 것은 무엇일지 늘 기억하자. 즐거웠던 순간보
     다는 자신이 한 좋은 일에 대해 즐거웠던 순간은 여러분
     이 죽는 순간같이 무덤 속에 함께 간다. 하지만 좋은 일은
     남는다. 그래도 보람 있게 살았다고 생각하게 해주는 일
     한 가지가 있다면 무엇인가?

2   이유가 무엇이든 도덕적으로는 옳지 않지만 별것 아닌 작
     은 일이기에 하고 싶다는 유혹이 들 때마다 다음과 같은
     질문을 해보자. "안 좋은 일이기는 해도 심각한 것은 아닌
     데 왜 망설이는 것일까?"

3   자신의 행동을 외부의 결과에 비추어 평가하지 않는다.

아무도 보는 사람이 없다고 해서 좋지 않은 행동이 정당한 것은 아니다. 아무에게도 나쁜 짓을 하지 않았다고 해서 이제까지 나쁜 짓을 한 번도 안 한 것은 아니다. 스스로에게 나쁜 짓을 한 것이라 생각하고 부끄러워하자. 삶 전체가 이상적인 자아와 긴밀히 연결되어 있는데 그 이미지를 훼손했기 때문이다.

도덕 추구

따라서 미학적인 인생이라는 신기루를 포기하고 '윤리적으로 자기 선택을 하는 것'이 중요하다. 우리의 인생 목표를 행복한 삶을 정하는 것이 아니라 우리가 완전한 행복을 누릴 수 있는 자격을 갖추는 것으로 해야 한다는 뜻이다. 하지만 목표를 세우는 것만으로는 안 된다. 이상을 추구하려면 구체적으로 어떻게 해야 할까? 완전한 행복이라는 이상은 지나치게 모호한 방향이라서 이런저런 상황에서 우리가 어떻게 행동해야 하는지 구체적으로 알려주지 못한다. 선이 어디에 있는지 정확히 모르는데 선을 추구하며 살겠다는 진지한 결심이 있다면 어떻게 해야 할까?

도덕은 단순히 사회의 의무가 아니다

이런 질문에 답을 주기 위해 도덕이 존재한다. 도덕이란 무엇인가? 무엇이 선이고 악인지 알려주는 지시사항 전체를 가리킨다. 예를 들면, 도덕은 거짓말은 나쁘니까 하지 마라, 부모님을 존경하고 돌보는 것은 좋은 일이니 해야 한다 등을 가르친다. 도덕적인 가치는 윤리적인 이상을 추구하려면 어떻게 해야 하는지 구체적인 기준을 제시한다.

하지만 요즘은 도덕이 제 기능을 하지 못하는 것 같다. 철학자들은 도덕 기준이 상실되었고 방향이 없어졌다고 앞을 다투어 이야기한다. 방향이 없어져서 사람들이 가치에 따라 행동할 수 없다는 것이다. "선은 어디에 있을까?" "악은 어디에 있을까?" 마치 전통적인 가치들이 갑자기 불확실해진 것처럼 필사적으로 생각에 매달리는 것 같다. 도덕 가치만큼 상대적인 것이 있을까? "피레네산맥의 이쪽에서는 진실, 저쪽에서는 실수." 파스칼이 간단히 표현한 글이다. 경험을 통해서 알았지만 서구 문화권에서는 비도덕적인 행동으로 보이는 것도 다른 문화권에 가면 정당한 행동일 수 있다.

"모든 문명국가에서는 아이들에게 부모님을 돌보라고 했지만 미개인들은 나이든 부모를 죽이는 풍습이 있었다. 이상한 일이 아닌 것이다. 하지만 우리는 여기까지만 생각한다. 미개인들도 그렇게 행동하면서 과연 나쁜 짓이라고 생각할지 모르겠다."

(『이것이냐 저것이냐』, 543쪽)

키에르케고르는 "미개인들도 그렇게 행동하면서 과연 나쁜 짓이라고 생각할지 모르겠다"라는 수수께끼 같은 말을 했다. 무슨 말을 하고 싶은 것일까? 기본적으로 도덕을 정하는 기준을 강조하는 말이다. 예를 들면, 여러분과 내가 완전히 다른 가치를 가졌다고 해보자. 여러분은 평등을, 나는 자유를 믿는다. 여러분은 존엄성 존중을, 나는 생명 존중을 믿는다. 여러분은 자비와 용서의 필요성을, 나는 정의와 처벌의 필요성을 믿는다. 보기에도 우리는 다른 가치를 가졌다. 서로 다른 가치를 가졌기 때문에 당연히 여러 분야에서 충돌한다. 여러분은 좌파일 수 있고 나는 우파일 수 있다. 여러분은 안락사에 찬성을, 나는 반대한다. 여러분은 사형제 완화를, 나는 사형제 강화를 찬성한다. 이렇게 서로 의견이 다르다는 점은 잠시 내려놓자. 우리는 어디에서 접점을 찾을까? 여러분이나 나나 선한 것을 추구한다고 생각한다. 선을 추구하는 생각에서 우리의 도덕은 일치한다.

이 점을 받아들였다면 다음의 내용도 받아들여야 한다. 평등이 좋은 것이라 생각하면 여러분만 좋으라고 이런 주장을 하는 것은 아닐 것이다. 여러분이 평등이라는 이름으로 투쟁할 준비가 되어 있다면 여러분에게만 좋은 가치이기 때문은 아닐 것이다. 그렇지 않다면 개인에게나 좋은 것이지 도덕적인 가치가 아니다. 예를 들면, 인권이 세계 어디에서나 존중 받기를 원하는 이유는 도덕적으로 바람직하기 때문이다. 도덕적으로 바람직하다고 인정하는 것은 문화, 개인과 관계없이 객관적이고 보편적으로 바람직하다고 인정하는 일이다.

우리가 의견이 달라도 도덕적인 삶에 문제되지 않는다. 의견이 다르다는 것은 각자 도덕과 비도덕의 행동 기준에 차이가 있다는 뜻이다. 의견이 서로 다르면 도덕이 발전할 수 있어 긍정적이다. 서로 다른 가치가 충돌하면 편파적이라는 비판을 피하기 위해 더 나은 도덕이 필요하다고 생각하게 된다. 모든 도덕은 상대적이라는 사실은 20세기 전에 밝혀진 것이다. 몽테뉴는 이미 이를 충분히 알고 있었다. 하지만 이렇게 의식한다고 도덕에 반기를 드는 것은 아니다. 몽테뉴는『수상록』에서 서구의 가치가 과연 정당한지 의문을 제기했는데 도덕에 그만큼 관심이 많아서였다. 인육을 먹는 '선량한 미개인'은 우리의 도덕 가치를 모르는 듯하다. 인육을 먹는 이들의 잔인한 모습에 우리는 임의적인 인습에서 벗어나 더 건전한 도덕을 도입한다. 도덕이 무언가를 얻었으니 다행이다!

"죽은 사람을 먹는 것보다 산 사람을 먹는 것이 더 야만적이라고 생각한다. 아직 감정이 있는 산 사람의 육체에 극심한 고통을 가하며 찢고 골고루 구운 후 개들과 돼지들에게 물어뜯게 한다(책으로 읽은 것으로 끝나지 않고 두 눈으로 똑똑히 보았다. 적을 산 채로 먹는 것이 아니라 이웃들과 친구들을 산 채로 먹는다. 그것도 신앙심과 종교의 이름으로). 사람을 죽여서 굽고 먹다니."(몽테뉴, 『수상록』, I, 31)

모든 도덕은 상대적이므로 도덕 자체는 합의에 불과하다는 결론을 성급하게 내린다. 이것은 문제다. 도덕 가치는 완벽하지 않기 때문에 심지어 도덕이라는 이름으로 여기서 해방되어야 한다는 의견도 있다. 그리고 결국 선과 악은 존재하지 않으며 선과 악 모두 임의적인 합의에 불과하다는 의견도 있다. 도덕이 단순한 합의라면 이를 만든 사회를 벗어나는 순간 가치가 없어진다는 것이다. 이와 같은 상대주의 입장은 도덕을 단순히 하나의 기준으로만 본다. 도덕은 정해진 범위에서만 실제로 통용된다는 것이다. 체스를 할 때는 체스말 이동 규칙을 따라야 한다. 하지만 이는 오직 체스에서나 통하는 규칙이다. 체커 게임에서는 당연히 다른 규칙을 따라야 한다. 도덕도 마찬가지다. 프랑스에 살면 프랑스의 가치를 따라야 한다. 하지만 프랑스의 도덕을 호주의 원주민들에게 강요할 수는 없다. 도덕은 더 이상 보편으로 통용되지 않기에 상대적이라는 뜻이다. 그러니까 도덕은 사회적인 합의에 불과하다는 결론이 나온다.

도덕 대 개인

고등학교에서 철학을 가르치려면 수많은 개념을 수업에서 다루어야 하는데 마침 여기에는 도덕도 포함된다. 이번 장에서 다루는 내용을 이야기하면 학생들은 엄청나게 지루해한다. 학생들에게 도덕은 사회적인 합의일 뿐이다. 이렇게 보면 학생들에게 도덕은 개인으로서 별 매력이 없어 보인다. 누구에게나 도덕은 가장 중요하고 바람직한 것을 의미한다는 생각은 학생들에게 더 이상 와 닿지 않아 보인다. 학생들은 의무라는 개념을 들으면 우리가 자신에게 해야 하는 일, 더 나은 자신을 위해 자기에게 충실한 행위를 떠올리지 않는다. '의무를 하다'라는 말은 학생들에게 '숙제를 하다'라는 구체적이고 지루한 것을 떠올린다. 즉, 학생들에게 의무는 외부에서 강제로 주어지는 사회적 의무, 숙제를 해야 하는 의무, 사회가 개인의 자유를 구속하는 존재를 뜻한다.

여러분도 크게 다르지 않으니 웃지 말기를 바란다. 우리가 일부 도덕 규칙을 군말 없이 따르는 이유는 사회의 공동 규칙을 지키지 않으면 살 수 없는 환경이 된다는 사실을 알기 때문이다. 그래도 도덕을 지키는 일은 개인의 희생이라고 생각한다. 각자 공동생활을 유지하기 위해 어쩔 수 없이 해야 하는 희생. 가는 것이 있으면 오는 것이 있다. 더불어 사는 사회의 규칙을 지키기 위해 개인은 올바르게 행동한다. 이렇게 개인이 희생한 댓가로 사회는 사회적으로 안정된 환경을 보장한다. 이처럼 도덕은 외부에서 주어지는 의무처럼 보이다 보니 우리의 내면생활과는 직접 관계가 없고 우리가 온전한 자신이 되는 데 별 도움이 안 되는 것 같다. 오히려 도덕은 공동생활을 제대로 살아가기 위해 우리 자신의 일부를 순순히 포기해야 하는 것을 상징한다.

의문의 개념만 달라지는 것은 아니다. 도덕의 보편성도 의문이 간다. 도덕은 외부에서 온 기준이기 때문이다. 도덕은 보편적인 법칙이라고 하지만 개인의 특성에는 관심이 없다. 예를 들면, 여러분은 국민으로서 의무를 다하려고 세금을 낼 뿐이다. 도덕에 따라 여러분은 다른 시민들과 똑같이 행동해야 한다. 따라서 도덕은 개개인의 차이와 개성을 지우고 여러분 모두를 같은 틀에 넣는다. 도덕은 여러분의 개성을 지운다. 도덕에 따라 모든 아이는 부모를 존경해야 한다고 할 때 도덕은 여러분을 개별적인 개인으로 보지 않는다. 도덕은 보편적인 기준을 내밀며 여러분이 부모님을 존경할 수 없는 개인적인 이유에 전혀 관심이 없다. 부모님이 해준 것이 아무것도 없는데 무조건 존경해야 할까? 부모님이 여러분을 대하는 태도에 문제가 많다면? 도덕을 따를 수 없는 정당한 이유로 여러분의 특수한 상황을 내세울 수는 없는 것일까? 마찬가지로 도덕은 거짓말을 하지 말라고 한다. 하지만 이러한 도덕을 적용하는 것이야말로 비인간적이지 않을까? 물론 일반적으로는 거짓말하지 않는 것이 좋다. 하지만 우리는 일반적으로 같은 삶을 살지 않는다! 우리 각자 특수한 상황이 있는 개인이다. 상대방에게 쓸데없이 상처를 주는 말이라도 진실을 말해야 할까? 조만간 죽을 인간인데 왜 마지막 남은 순간을 알고 싶지 않은 진실, 오히려 마음을 무겁게 하는 진실을 갖고 낭비해야 하는가?

도덕은 보편성 안에 있다

도덕에 반기를 드는 것은 용감한 시도로 보일 수 있다. 하지만 여기에 수긍할 수 없는 두 가지 중요한 이유가 있다. 첫째, 도덕은 보편적인 특징 때문에 위대하다. 정치인은 우리를 시민으로 대하고 학문은 우리를 배우는 사람으로 대하고 경제는 우리를 소비자나 생산자로 대한다. 오직 도덕만이 우리를 인간으로 대한다. 우리 각자 '나'라고 말할 수 있는 인간으로 대한다. 우리는 정치인이 정치를 한다는 이유로 도덕적인 행동 규칙에서 예외를 인정받는 것을 두고 보지 못한다. 마찬가지로 주식 투자자가 '비즈니스는 비즈니스'라는 이유로 도덕 준수에서 예외로 인정받는 것 역시 두고 보지 못한다. 과학자도 과학을 내세우며 무조건 모든 실험을 다 할 수는 없다. 도덕은 보편적인 인간을 대상으로 하기 때문에 절대로 개인적인 예외를 허락하지 않는다.

흔히 도덕은 정치·과학·종교처럼 생활의 다양한 분야에 속한다고 생각하는데, 이것은 잘못 생각하는 것이다. 키에르케고르가 예리하게 쓴 글처럼 우리는 이런 실수를 하면서 '되는 대로 행동한다'. 도덕은 의무를 공통분모로 하며 우리의 삶을 다루는 여러 분야 중 하나가 아니다. 반대로 도덕은 삶 그 자체다. 도덕은 전반적으로 실존과 관련이 있기 때문에 의무로 생각해야 한다. 정치를 하든 비즈니스를 하든 도덕적인 의무에서 예외가 될 수 없다. 정치인과 비즈니스맨도 다른 사람들과 마찬가지로 인간이기 때문이다.

이렇게 보면 도덕은 그 누구에게도 예외의 특권을 주지 않으니 매우 평등하다. 평범한 노동자든 한 나라의 왕자든 도덕 규칙은 똑같이 지켜야 한다. 인간은 평등하다고 하지만 그렇지 않은 것이 현실이다. 적어도 '권리'에서 우리는 평등하지 않다. 같은 권리를 가지려면 우리 모두 태어나면서부터 출발선이 같아야 하고 능력과 수입 등이 똑같아야 한다. 하지만 도덕 앞에서 우리는 한 치의 양보도 없이 평등하다. 도덕을 지켜야 하는 의무도 평등하다. 그 누구도 특권을 내세워 예외를 인정받을 수 없다. 도덕은 누구에게나 똑같이 행동에 따라 도덕적이냐 도덕적이지 않느냐의 평가를 내린다. 지식과 부의 차이도 도덕에서는 통하지 않으며 인간의 가치를 평가하는 기준이 되지 못한다.

물론 일부 상황에서는 도덕 규칙을 지키지 못했다는 변명이 있을 수 있다. 부모 역할을 제대로 하지 않아서 부모를 공경하지 않는다는 것은 심적으로는 이해가 된다. 마찬가지로 상대가 들으면 안 되는 진실을 감추기 위해 거짓말을 했다고 하면 이해가 된다. 그렇지만 이러한 상황은 여러분이 거짓말을 한 이유를 설명할 뿐 거짓말이 좋은 행동이 되지는 못한다. 상황은 변명의 이유는 되지만 도덕적으로 정당성을 주지는 않는다. 그뿐만 아니라 거짓말로 보호하고 싶었던 상대가 언젠가 거짓말을 했다며 비난해올 수도 있다.

도덕적으로 행동하기란 불가능해 보이지만 어떤 상황에서는 도덕적으로 행동하는 것이 바람직하다고 생각된다. 그러다 보니 도덕은 여전히 우리에게 이상으로 남아 있다. 도덕을 지켜야 하는 상황이 있기에 우리는 최소 인간다운 모습을 보여주게 된다. 행실이 바르지 못한 사람이 우리의 약점을 보여주는 경우 공감하는 마음에 동정심을 보일 때가 있다 그렇다고 해서 도덕이 일부 예외를 인정한다는 뜻은 절대로 아니다.

개인의 영역을 지키며 전체의 이익을 만든다

도덕이 지나치게 일반적이라는 것이 두 번째 비판이다. 하지만 도덕이 보편성을 강조한다고 해서 개인으로서의 자신을 잃어 버리게 하지는 않는다. 오히려 그 반대다! 스스로 윤리적인 선택을 하는 것은 개인의 방식을 따른다. 가정과 아이를 가진 남자와 아이가 없는 독신남이 같은 방식으로 도덕을 추구하지는 않을 것이다. 또한 똑같이 가장이라고 해도 그 안에서 차이가 크게 발생한다. 아이들을 사랑하고 보호하라는 이상을 똑같이 추구해도 이를 실천하는 방법은 제각각이다. 다행히도 도덕은 여러분이 결혼할 상대나 여러분이 아이를 교육시켜야 하는 구체적인 방법을 정해주지 않는다. 그뿐만 아니라 도덕은 다행히도 여러분이 은행원이나 교수가 되면 좋은지 등 진로의 방향을 정해주지도 않는다. 도덕은 개인 영역에는 관여하지 않는다. 윤리적인 삶을 어떻게 살아가야 할지는 개인만이 정할 수 있다.

"윤리적으로 살아가는 사람은 작은 부분은 각자 해결해나가는 것이 당연하다고 생각한다. 별것 아닌 작은 부분에 윤리적인 잣대를 대지 않는 것이 윤리를 존중하는 태도다. 오히려 윤리를 믿을 용기가 없고 윤리에 대한 마음속 확신이 부족한 사람만이 작은 일에 윤리적인 잣대를 대다 보니 성공하지 못한다."

(『이것이냐 저것이냐』, 537쪽)

결론을 이야기하자면, 스스로 하는 선택이 윤리적이 되려면 언제나 개인 상황에 맞는 것을 선택해야 한다. 그 무엇도 여러분에게 변호사가 아닌 의사가 되라고 강요하지 않는다. 일반적으로 우리는 취향, 능력, 오랫동안 공부하는 데 뒷받침이 되는 재정 상황 등 여러 기준을 생각해 직업을 정한다. 키에르케고르는 어찌 되었든 이 모든 부분은 '별로 중요하지 않다'고 딱 잘라 말한다. 예를 들면, 원래는 신경학자가 되고 싶었으나 치과의사가 되어 직업을 잘못 선택했다는 마음이 든다 해도 인생이 실패한 것은 아니다. 마찬가지로 원래 꿈꾸던 이상형과 결혼하지 못했다고 해서 인생이 끝난 것은 아니다. 이런 것이 전부 실패라면 우리 중 성공한 인생을 산 사람이 몇 명이나 될까? 미친 듯이 시간을 투자해 우리의 취향, 능력, 개성의 목록을 정해 자신을 관찰하며 인생 최고의 선택을 하려는 시도야말로 쓸데없고 우스운 짓이다. 쓸데없다고 한 이유는 그것으로 모든 것이 끝나지 않기 때문이다. 앞으로도 넘어야 할 산이 많다! 원래는 신경학자가 되고 싶었는데 치과의사가 되었다고 해보자. 정말로 신경학자라는 꿈을 포기할 수 없다면 공부를 다시 해서 그 꿈을 이루면 된다. 도덕이 못 하게 방해하지 않는다. 어렵다면 치과의사로서 계속 살아가면 된다. 사실, 별로 중요한 것이 아니다. 개인은 원하는 일을 할 수 있다면 더 행복할지도 모른다. 하지만 바라는 일이라고 해서 모두 가능하지는 않다. 중요한 것은 이 문제가 아니다.

원하는 직업을 얻기 위해 끝없이 노력하는 자세가 중요하다. 특정 직업을 하고 싶으면 윤리적으로 꿈을 이루기 위해 노력한다. 이외에 나머지는 중요하지 않다. 평범한 도로 청소부로 남아 있다고 해도 양심적으로 일을 하면 된다. 청소부라고 해서 비즈니스를 이끌어가는 사람보다 하찮다고 할 수 없다. 평범한 사람도 멋진 사람이 될 수 있다. 마찬가지로 인생의 동반자인 남자가 외모가 영화배우 같지 않다는 것이 도대체 뭐가 중요한가? 다행히 여러분의 사랑은 외적인 기준에 가치가 있는 것이 아니다. 여러분의 사랑을 위대하고 멋지게 만들어 주는 것은 사랑하는 상대방의 외적 조건이 아니라 여러분과 연인 두 사람이 사랑을 이루어가는 각자의 노력이다.

"언어에는 불규칙예외동사보다 규칙동사가 훨씬 많다. 불규칙동사는 문법에서 변화형이 따로 나온다. 다른 규칙동사들은 비숫하기 때문에 특별히 주의할 필요는 없다. 인간도 마찬가지다. 모든 인간은 각자의 규칙을 가질 수 있다. 이를 위해서는 부족하다고 생각되는 것을 지금 당장 부정하기보다는 현재에 충실하며 부족한 부분을 채워가야 한다. 선택해가며 부족한 부분을 더 낫게 고쳐간다."(『이것이냐 저것이냐』, 54쪽)

개인 대 사람

한마디로 도덕은 여러분이 각자 지닌 개성을 부정하라고 하지 않는다. 도덕이 여러분에게 조언하는 것은 자신이 지닌 차이점을 활용해 공동생활에 좋게 기여하라는 것이다. 도덕이 충고하는 것은 자신이 남다른 면을 가졌다고 우월감에 젖지 말라는 것이다. 우리가 지닌 개성은 개성일 뿐 그 자체가 끝없이 남과 구별 짓기 위해 키워야 할 가치는 아니다. 특별한 사람이라고, 남들과 다른 사람이라고 우대하지는 않는다. 그저 태어날 때부터 그런 특별함을 가졌을 뿐이다. 하지만 태어날 때 우연히 갖게 된 조건 때문에 개인들 간에 사회적 불평등이 생긴다. 누구나 잘 아는 사실이다. 다른 사람보다 똑똑해서, 코가 높아서, 늘씬하고 예뻐서 등의 이유로 우월한 존재가 된다.

사람으로서 해야 하는 의무보다 개인의 권리를 우선하면 우선순위가 뒤바뀌는 어이없는 사태가 일어난다. 다른 사람들처럼 되겠다는 마음보다 다른 사람들과 달라지고 싶다는 마음이 자리를 잡는다. '나다워지고 싶다'는 마음은 자신만의 방법으로 사람다워지겠다는 뜻이다. 예를 들면, 아버지는 아이들에게 모범이 되도록 노력한다. 모범이 되는 사람이란 따르고 싶은 모델이다. 그런데 우리에게 '나다워지고 싶다'는 우리가 가진 다른 점을 내세워 다른 사람들보다 우위에 서고 싶다는 욕망으로 왜곡되었다. 이렇게 따지면 아버지는 아이들에게 불가능한 성공의 기준을 제시하며 닦달하게 된다.

개인에게 주어진 특별한 권리가 어떻게 우리의 작은 차이점과 개성을 끝없이 정체성의 고민으로 연결하고 있는지 보면 놀랍다. 마치 '스스로 선택한다'는 말은 오직 우리에게만 있는 이상한 점, 특이한 점을 선택하는 의미로 바뀐 것 같다. 남들과 비슷해진다는 두려움 때문에 우리는 아무것에나 개성을 발휘하며 오만하게 군다. 옷차림, 머리 모양, 고의적으로 내놓는 충격적인 의견 등이 그것이다.

우리는 우월감을 느끼지 않고도 스스로 특별하다고 느낄 수 있다는 말을 자주한다. 그런데 왜 각자의 차이점을 드러내지 못해 안달하는가? '일반 사람들'과 거리를 두며 특별해지고 싶어서는 아닌가? 우리는 인간의 평등 지수를 높였다고 생각하지만, 사실은 영광스러운 귀족적인 취향을 대중화시킨 것에 불과하지 않을까? 끝없는 자아 경쟁 때문에 우리는 개인이 개성을 드러내지 않고도 자신다워지는 법을 어떻게 하면 찾을 수 있는 지에 대해 생각할 여유가 없다.

"가장 평범한 사람들을 포함해 사람들이 일명 미학적인 차이를 어떻게 확신에 넘겨 발견하는지 보고 있자면 신기하다. 미학의 차이는 별것 아닌데 우리가 남들과 어떻게 하면 다를까 생각하며 몰두하는 경쟁은 삶의 비참함을 보여주는 한 단면이다."(『이것이냐 저것이냐』, 516쪽)

도덕적으로 보면 매우 참담한 상황이다. 키에르케고르는 이를 구체적으로 보여주는 예를 제시한다. 괴테의 자전적 작품 『시와 진실』에 나온 일화다. 여기서 괴테는 젊은 시절의 사랑 이야기를 들려준다. 이야기 자체는 특별하지 않다. 괴테는 어느 아름다운 젊은 여성과 사랑에 빠졌지만 '신사적으로' 그녀 곁을 떠났다. 우리에게도 이와 비슷한 이야기가 많을 것이다. 서로 만나 얼마 동안 사랑하다가 헤어진다. 적어도 괴테는 '신사적으로' 행동하며 자신의 이야기를 글로 썼다. 괴테의 에피소드에서 키에르케고르가 관심을 가진 것은 사랑 이야기 자체가 아니라 괴테가 사랑 이야기를 들려주는 방식이다. 아무리 여자가 이별 후에도 삶이 망가지지 않았다 해도 젊은 여자를 유혹해 온갖 감언이설(지상 최고의 맹세)을 속삭인 다음에 사랑의 맹세를 저버리고 버린 것 자체가 도덕적으로 바람직하지 않은 행동이다. 아무리 비극적인 결과가 나오지 않았다 해도 청소년 같은 사랑의 불장난은 도덕적으로 지지받지 못한다. 괴테는 자신의 행동을 높이 평가했을지는 몰라도 현실은 불한당 같은 행동이다. 다만 괴테가 이 이야기를 시작품으로 승화했기 때문에 도덕적인 평가가 따르지 않는 것이다.

"실제 인생의 한 부분을 한 발짝 뒤로 물러나 바라보며 시로 표현하면 윤리적인 부분을 왜곡하고 상황을 제대로 보지 못하게 한다. 그렇다, 주머니에 그런 피뢰침 같은 것이 있으면 폭풍우가 불어도 얼마나 마음이 편한가! 얼마나 많은 바보들과 불성실한 인간들이 자연의 특별한 모습 앞에서 고개를 숙이며 숭배하는가? 하지만 누구나 타고나면서부터 특별한 점이 있다. 간단히 말해 윤리에 반항하며 과시하는 부성이다. 범죄자들 사이에서 시적 재능이 많이 보인다. 즉, 현실의 삶을 타자화해 시로 뭉뚱그려 표현하는 재능이다."(『인생길의 단계』, 179쪽)

괴테는 자신의 엄청난 재능이 있는 대단한 사람이라고 생각하기에 죄책감을 느끼지 않는다. 어찌 되었든 그래도 괴테이니 비열하게 행동하지는 않았을 것이다. 하지만 유명인이면 도덕관념이 부족해도 용서하고 넘어갈 수 있는 약점으로 생각하는 것이 문제다. 유명인은 일반사람보다 만물을 고매하게 볼 수 있다는 것만으로도 용서된다. 도덕관념 부족이 괴테의 작품에 어떤 부담을 주는가? 우리는 본능적으로 '위대한 사람들'을 존경한다. 그러다 보니 조금이라도 위대한 점, 조금이라도 남다른 점을 발견하고자 노력한다. 그래야 더 나은 삶을 살 수 있다고 생각해서다.

남과 다른 점을 드러내고 싶은 마음, 남과 다른 존재가 되지 않으면 자신을 표현할 수 없다고 보는 생각은 개인주의 삶이 승리하면서 생겨난 결과물이다. 잘못되어도 한참 잘못되지 않았는가! 이러한 삶을 살면 언제나 남과 비교하고 사회적으로 인정받는 차이점을 오만하게 내세우기 때문에 실제로는 나다운 삶과 거리가 멀다. 이웃이 부러워할 차를 사서 자기과시를 하거나 그 누구보다 유명한 배우가 되겠다는 야심을 품는다고 해보자. 다른 사람들도 바라는 것이 아닌가? 여기서 무슨 개성을 찾을 수 있는가? 현실에서는 뚜렷한 개성이 아니라 병적인 자기과시와 보기에도 딱한 모방만이 있다. 남과 다른 점 자체가 목적이라고 생각하니 남과 비교할 때만 의미가 있다. 결국 우리는 다른 사람들보다 튀고 싶은 마음 때문에 오히려 개성이 없이 서로 비슷해지니 놀랍다.

우리만의 개성을 보호하려면 진정한 자신을 유지해야 한다. 즉, 특별한 사람이 되어서 나다워지겠다는 목표를 세워서는 안 된다. 그 끝은 모든 사람과 비슷해지는 것이다. 그보다는 진정한 자기 자신이 되어 특별함으로 빛나겠다는 목표를 세워야 한다. 즉, 인간미가 있는 진정한 자신의 모습이다. 우리만의 다른 점은 그 자체로 높이 평가받아야지 비교라는 잣대를 들이대서는 안 된다.

짚고 넘어가기

1   일부 행동에 대해 여러분의 상황만이 예외가 된다는 변명
    을 하며 도덕적으로 변명할 거리를 찾지 말자. 예를 들면,
    여러분은 '도둑질'은 비난받아 마땅한 행동이라고 생각
    하면서 온라인 불법 다운로드는 도둑질이 아니라고 생각
    할 수 있다. 도둑질이나 불법 다운로드는 어떤 면에는 똑
    같지 않은가? 도덕적으로 옳지 않은 행동을 할 때 상황이
    어쩔 수 없었다며 변명할 수 있다. 하지만 변명이 정당성
    을 주지는 않는다. 변명은 변명일 뿐이다.

2   특정 도덕 규칙을 비판하려면 일관적으로 도덕이라는 잣
    대를 대자. 예를 들면, 젊은 사람들에게 혼전 성관계를 하
    지 말라는 도덕 규칙을 비판할 수는 있다. 그렇다면 순결
    은 결혼 서약의 순수함을 위해 필요하지 않다는 말을 하
    며 비판할 수 있는가? 더구나 젊은 사람들이 자유로운 성
    생활을 하지 못하게 한다는 이유로 해당 도덕 규칙을 비
    판하는 것은 위험한 논리다. 인생의 미학 관점에서 도덕

이라는 원칙을 버릴 수 있어서다. "중요한 것은 즐기는 것이다!"가 미학적 인생의 관점이다.

3   도덕이 아무 지침도 내려주지 않은 분야에서 여러분은 온전히 자유롭게 개인 취향, 특별한 감정, 자신이 원하는 것을 따른다고 생각하는가. 그렇지 못하더라도 실망할 필요는 없다! 삶의 특별한 순간을 인생 전체로 확대해석하지 않는다. 어느 날 로또에 당첨되는 행운이 생긴다면 원하는 것을 마음껏 얻을 수 있을 것이다. 개인으로서 삶의 수준은 급격히 높아질 수 있다. 그렇다고 실존적인 인생이 달라지지는 않는다. 단지 현재 더 안락해졌을 뿐 시간이나 운명에서는 해방되지 못하기 때문에 인간 본질의 삶은 그대로다.

4   자신이 하는 일을 '천직'으로 생각하는 습관을 들이자. 직업이 마음에 안 들면 주저하지 않고 바꾼다. 하지만 일단

하고 있는 직업윤리를 갖고 최선을 다해 해낸다. 즉, 자신이 가진 남다른 재능을 보편적인 선을 위해 사용하자. 여러분의 직업이 무엇이든 중요하지 않다. 직업을 열정적인 활동으로 만들려면 최선을 다해야 한다. 그저 먹고살기 위해 반복적으로 하는 재미없는 일도, 가족을 먹여 살리기 위해 매일 아침 일찍 일어나 하는 그저 그런 일도 천직으로 생각한다면 결코 다른 일에 뒤지지 않는 아름다운 직업이 된다.

IV
내다보기

**신의
진정한
존재를
인정하자**

완전한 행복이라는 이상을 실현하는 것은 어려운 일이지만 단순히 편하게 살려는 마음보다는 열정을 불러일으킨다. 우리의 삶에 이와 같은 이상이 존재함을 인정하는 것은 종교의 힘을 통해서가 아니다. 영원히 변하지 않겠다는 마음, 자유는 유한하다는 인식, 완전한 행복을 동경하는 마음은 우리가 살면서 심리적으로 받아들이는 것이다. 이를 알지 못하면 진정한 자신이 될 수 없다. 뻔한 이야기라며 외면하면 우리 자신을 제대로 볼 수 없다. 이해타산적인 행동은 왜 그런지 쉽게 설명할 수 있지만 아름다운 이타적인 행동은 왜 그런지 설명하기 어렵다.

인간이 자기 행복보다 더 고차원적인 이상을 추구하는 존재가 아니라면 공공의 선을 위해 자신의 목숨을 바칠 수 있는 사람이 어떻게 나올 수 있을까? 어떻게 진실을 수호하기 위해 노력할 수 있을까? 진실을 수호하는 일은 바람직하지만 자칫 친구와 명성을 잃을 수도 있는데 말이다. 평범한 시민이 법을 지키기 위해 노력하며 아무도 해치지 않는 것은 특별한 일이 아니다. 하지만 자신의 목숨은 아랑곳없이 범인을 몸으로 막은 사람에 대해서는 어떻게 이해해야 할까? 평범한 사람들이지만 때가 되면 무고한 사람들을 보호하거나 주변을 돌보기 위해 모든 것을 희생할 준비가 되어 있는 작은 영웅이 되는 일도 있다. 이런 예는 우리 모두 나름대로 알고 있을 것이다. 진짜든 아니든 이런 이야기들은 우리에게 진정한 감동을 선사하고 자기계발보다 깊은 지침으로서 따라 하고 싶다는 생각이 들게 만든다.

종교가 있든 없든 우리 모두 완전한 행복을 동경하는 이유를 설명할 수 있는 기준은 오직 하나, 종교다. 앙드레 말로의 『인간의 조건』에 등장하는 혁명가 주인공 카토프는 철저한 무신론자다. 하지만 카토프는 마치 성인처럼 이름도 모르고 생전 처음 보지만, 자신처럼 죽음을 앞둔 동료에게 청산가리를 건넨다. 카토프는 신을 믿지 않지만 자살하려고 준비한 청산가리를 생판 모르는 사람에게 건네준다. 종교적인 관점으로밖에 설명할 수 없다. 종교적 관점에서는 그리 놀랄 일이 아니다. 종교의 주요 개념(완전한 행복, 초자연, 죄, 구원, 믿음 등)은 아무렇게나 지어진 것이 아니다. 종교는 터무니없는 상상력을 마음껏 발휘해 만든 것이 아니라 인간의 조건을 매우 일관적인 관점으로 보지 않으면 안 된다며 실존적인 메시지를 전한다.

흔히 종교를 과학이나 정치처럼 생각하다 보니 종교를 삶의 한 부분으로만 생각한다. 그러다 보니 종교를 신을 믿는 행위로만 좁게 생각한다. 신자를 포함해 많은 사람들에게 종교는 살면서 부수적으로 선택하는 것이 되었다. 때때로 주일 예배, 결혼식, 장례식을 통해 종교를 느낄 뿐이다. 이렇게 종교를 생각하는 것은 누가 뭐라고 해도 '잘못된' 일이다. 실제로 종교는 단순히 우리 삶의 한 영역이 아니라 우리의 전 생애가 원칙적으로 종교적인 면에 영향을 받는다. 종교 생활이 단순히 주일마다 예배를 드리거나 세속적인 시민의 옷을 입을 때 잠시 잊어버려도 되는 것이 아니다. 그렇다고 우리 삶의 모든 부분이 종교의 지배를 받아야 한다는 말이 아니다. 당연히 아니다! 광적인 신앙인은 별 의미 없는 작은 부분까지 종교적인 문제로 탈바꿈시키는 사람이다. 우리의 삶에서 모든 것이 종교적인 것이 될 수는 없다. 하지만 실존적으로 바라볼 때 우리의 삶은 대단히 종교적인 것과 관계있다.

따라서 종교는 좁은 의미에서 신과의 관계에 몰두하는 생활이 아니다. 그보다는 초자연적인 신성과 연결되어 전반적으로 인간다운 삶을 고민하는 태도다. 얼핏 들어서는 종교의식과 마찬가지로 종교도 믿지 않고 싶다며 거부할 수 있는 존재가 아니다. 종교를 거부하는 경우는 크게 두 가지다. 하나는 하나님과 그의 아들 예수 그리스도를 믿지 않겠다는 경우이고, 또 하나는 어떤 신이든 종교 자체를 믿지 않겠다는 입장이다. 마찬가지로 죄와 구원은 밀접하게 관련되어 있다는 사상도 받아들이기 힘들 수 있다. 많은 사람이 종교에서 제일 싫어하는 것은 개인들에게 스스로 죄인이라 생각하고 끝없이 "내 죄요, 내 죄요, 내 죄요!"라는 고해성사를 쓸데없이 하게 하는 설교라고 한다. 이해할 수 있는 입장이지만 치료책을 오히려 병이라고 생각하는 관점이라 할 수 있다. 종교는 끈질기게 죄책감을 심어주지 않는다. 죄책감과 맞서는 방법을 제시할 뿐이다. 죄책감을 크게 느껴보기 위해 새롭게 무언가를 찾을 필요는 없다! 절망 그 자체가 마음을 갉아먹는 죄책감이 가장 극도로 표현된 형태다. 심리치료사들은 환자들의 절망을 늘 마주한다. 종교가 없는 사람들도 역시 절망을 마주한다. 따라서 이를 출발점으로 삼아야 한다.

죄책감

죄책감은 신학자가 마음대로 만들어낸 것도 아니고 엉뚱한 생각으로 지어낸 것도 아니다. 죄책감은 인생의 모순을 극복하기 위해 모든 노력을 기울여도 결국에는 실패로 끝났다는 현실을 현명하게 인정하는 태도다. 완전한 행복이라는 이상은 절대로 실현할 수 없는데 우리는 마치 이것을 개인의 탓, 개인이 책임져야 하는 일로 생각하게 된다.

불안감이 우리를 짓누를 때

윤리적인 삶은 완전한 행복이라는 이상을 만족시키기에는 부족하게 느낄 수 있다. 윤리적인 삶을 살면 완전한 행복을 실현하고 싶다는 용기를 품지만 불가능하다는 사실을 더욱 뚜렷이 느끼기도 한다. 예를 들면, 초반에 사귈 때는 두 연인이 처음 만날 때와 마찬가지로 영원히 서로만을 사랑하겠다고 약속한다. 시작한 지 얼마 안 된 연애에서 완전한 행복을 느끼려면 달콤한 약속이 필요하다. 하지만 시간이 지날수록 사랑은 초반의 강렬함을 잃어간다. 만날 때 느꼈던 풋풋한 감정 대신 도덕적인 의무로 유지되는 건조함이 자리 잡는다. 만나면 즐거운 연애 초반 때에는 지켜야 할 의무가 아주 가벼운 수준이었다. 하지만 시간이 지나면 거추장스러운 의무만 남아 무겁게 느껴진다. 결국 지조를 지키는 것은 사랑이 도덕적인 의무로 변신한 증거일 뿐이다. '영원한 사랑'을 가식적으로 흉내 내는 행위일 뿐이다. 아무리 노력해도 모순을 멈출 수 있는 것은 우리가 아니다.

윤리적으로 우리 책임이라는 생각이 들면 삶은 살 만한 것이 아니라 더 괴로워지는 것 같다! 두 연인은 하나가 되려면 부모님의 반대를 물리칠 수밖에 없다. 외부의 부담스러운 장애물이 있어도 서로 사랑하면 한 몸이 된다. 하지만 사랑이 식으면 더 이상 관계를 유지하기 힘들다. 연애결혼은 우리를 모든 장애물에서 해방시키는 것처럼 보이지만 결혼이 잘못되면 우리가 부족하다는 생각을 갖는다. 직장 세계도 마찬가지다. 직원마다 각자의 능력을 발휘해 열심히 책임감을 갖고 일해달라는 주문을 받으면 마치 예전에 존재한 경영진의 부담스러운 통제에서 해방된 느낌이다. 하지만 동시에 온전히 모든 것을 스스로 책임져야 하기 때문에 일에 성과가 나지 않거나 직장을 잃은 후 일자리를 다시 찾지 못하면 나 자신의 능력과 노력이 부족하다고 생각하게 된다. 따라서 우리가 느끼는 실패의 두려움은 결코 우연히 생겨난 것이 아니다. 우리는 자유를 인식할수록 그만큼 책임감을 느낀다.

상황이 이렇다 보니 당연히 우리는 늘 불안감에 시달리고 진정제로 마음을 달래기도 한다. 키에르케고르만큼 불안감이 실수에 대한 두려움과 어느 정도 밀접한 관계가 있는지 제대로 보여준 사람이 없었다. 우선 불안감은 두려움이 아니다. 두려움은 감정을 일으키는 대상이 필요하기 때문이다. 예를 들면, 부주의하게 길을 걷다가 갑자기 우리 쪽으로 다가오는 자동차를 볼 때 우리는 구체적으로 두려움을 느낀다. 그런데 불안감은 실체가 없다. 무언가 알 수 없는 것에 의해 생겨난 불안감이 우리 몸속에 스며들고 배 속에 무언가가 있는 것처럼 묵직하고 불편하다. 시험을 앞둔 순간을 생각해보자. 구체적으로 공포를 불러일으키는 대상은 보이지 않는다. 우리를 불편하게 하는 것은 미래에 대한 불안감, 즉 실패할까 봐, 제대로 해내지 못할까 봐 느끼는 두려움이다.

우리가 불안한 것은 특정한 대상을 두려워해서가 아니다. 미래에 대한 불안감, 미래에 대한 걱정, 실수할까 봐 느끼는 초조함은 실체가 보이지 않는다. 특정한 대상이 아니라 실패할까 봐 느끼는 두려움이 불안감을 만들어낸다. 우리가 불안해하는 진정한 대상은 바로 우리 자신이다.

피할 수 없는 도덕적인 죄책감

왜 실패할까 봐 두려워하는가? 절대로 감당할 수 없을 것 같은 높은 기대감 때문인가? 그렇기도 하고 아니기도 하다. 아니라고 한 이유는 높은 이상을 완벽히 실현할 수 없다는 인식은 근본적인 원인이 아니기 때문이다. 누구든 완벽해질 의무는 없다. 이상에 다가가기 위해 최선을 다하면 된다. 설령 야망을 이루지 못했다고 해도 이상에 다가가기 위해 최선을 다했다면 그 자체로 뿌듯해해도 된다. 하지만 아무리 노력해도 이상과 계속 멀어지고 있다면 다른 문제다. 이것 때문에 우리는 점점 우리 책임이라는 죄책감을 느끼게 된다.

"윤리는 매 순간 무한히 존재하지만 개인은 깨닫지 못한다. 개인이 윤리를 깨닫지 못하는 것은 이상을 향해 끝없이 하는 노력이 부족해서가 아니다. 자신의 일을 잘 못 하는 사람은 윤리를 깨닫지 못하는 것이 당연하나 노력하는 사람은 그렇지 않다. 노력해도 윤리를 깨닫지 못하는 이유는 윤리를 실현할 수 있는 상태와 정반대의 상태에 놓여 있어서다. 그렇기 때문에 시작할 수도 없고 매번 그 자리에 머물고 상황은 악화된다."
(『철학적 단편에 붙이는 비문학적 해설문』, 178쪽)

도덕적으로 행동하려면 아무 생각 없이 원칙들만 따른다고 될 일이 아니다. 이것으로 된다면 의무를 모두 지켜 좋은 부모, 좋은 남편, 정직한 시민, 모범적인 직원이 쉽게 되었을 것이다. 윤리를 알려면 순수할 때만 의미가 있다. 예를 들면, 평판에 금이 갈까 봐 정직하게 장사하는 상인은 도덕적으로 행동하는 것이 아니다. 괜히 불륜을 저지르면 상황이 복잡해질까 봐 아내에게 충실한 남자는 진정으로 충실한 것이 아니다. 의도가 윤리적으로 순수하지 못하면 절대로 좋은 행동이라 할 수 없다.

바로 여기서 우리가 윤리적인 이상을 실현하지 못하는 데에는 장애물이 있다는 생각이 나온다. 키에르케고르는 이를 가리켜 "윤리를 붙잡는 방해물"이라고 했다. 윤리적인 이상이 너무 높아서 우리는 마치 더 이상 가지 못하고 멈춘 것 같은 상태가 된다. 아무것도 할 수 없자 우리는 죄책감을 느낀다. 문제가 있다면 도덕적이지 않은 행동이 아니라 순수하지 못한 의도다. 아무리 노력해도 도덕적으로 행동하지 못하는 것은 의도가 순수하지 않아서다. 아무리 얌전한 아이가 되려고 노력해도 달라지는 것은 없을 것이다. 지나치게 기준이 높은 부모님을 기쁘게 하기 위해 노력하는 아이는 자신이 늘 부족하다고 생각한다. 아이는 계속 부모의 기대에 어긋난다. 부모가 아이에게 기대하는 것은 구체적인 방법이 아니라 아이가 도저히 되기 힘든 모습이기 때문이다. 적어도 아이는 이렇게 생각한다. 아이는 일찌감치 죄책감을 느끼게 되고 벌을 받아도 할 말이 없다고 생각한다.

> "보충 시간에 한 아이에게 처음으로 한 질문이 있다. 아이는 무엇을 받아야 할까? 대답은 '땅땅!' 삶은 이런 생각으로 시작된다. 원죄를 부정해도 그렇다."(『이것이냐 저것이냐』, 17쪽)

19세기 말 정신분석학자 프로이트에게 상담 받으러 온 비엔나 상류사회의 젊은 여자들은 하나같이 동일한 상태였다. 도덕적인 원칙에 갇힌 여자들은 자신이 하지도 않은 잘못에 죄책감을 느끼고 있었다. 그러면서 도덕적으로 비난받을 행동에 유혹을 느끼며 갈망했다. 도덕 기준이 지나치게 엄격하다 보니 이런 결과가 나온 것이다. 어떻게 자신의 욕망, 흘러가는 시간, 변덕스러운 감정 하나 제대로 다스리지 못하는가? 어떻게 높은 이상을 믿지 않을 수 있는가? 죄책감을 느끼는가, 느끼지 않는가?

도덕에 지나치게 매몰되면 의도가 아무리 좋아도 반대의 결과가 나올 수 있다는 것을 알지 못한다. 나름 잘 한다고 생각했는데 아이들로부터 이기주의자라고 비난받는 부모가 얼마나 많은가? 마찬가지로 자신은 공정하다고 생각하는데 실제로는 잔인해 보이는 사람도 있고 자신은 정직하다 생각하는데 겉과 달리 가식적으로 행동하는 것처럼 보이는 사람도 있다. 서로에게 잘못의 책임을 떠넘기며 싸우는 모습만큼 좋은 예도 없다. 누가 맞는지 알기 힘들다!

아무리 겉으로는 도덕적으로 흠이 없어 보이는 행동도 의심을 피할 수 없다. 그렇기 때문에 위대한 성인들은 그 누구보다도 자신이 죄인이라는 생각을 달고 산다. 자신에게 만족하지 않으며 칭찬받으면 받을 자격이 없다며 흑사병 보듯 피한다. 가식적으로 겸손한 척하는 것이 아니라 칭찬받기에는 항상 모자란다는 것을 의식하기 때문이다.

그렇다면 우리에게 부담만 주는 도덕적 이상을 왜 따라야 할까? 도덕의 기준을 인간이 실현할 수 있는 정도로 낮추는 것이 현실적이지 않을까? 인간이 따를 수 있는 정도로 도덕의 기준을 낮추려는 의지는 충분히 이해가 된다. 니체는 이러한 의지를 유대 기독교 가치와의 전면적이라는 살벌한 이미지로 표현했다. 니체는 죄책감을 불러일으키는 유대 기독교 가치를 그야말로 사악하게 보고 여기서 벗어나 본래의 순수한 모습으로 돌아가라고 했다. 하지만 도덕 기준을 약하게 하면 절대적인 것을 잊게 된다. 절대적인 것을 잊으면 인간으로서 갖추어야 할 소중한 조건을 신경 쓰지 않게 된다. 치타나 침팬지는 전혀 죄책감을 느끼지 못하기에 완전한 행복이라는 이상 없이 본능대로 산다. 우리가 이렇게 해서 얻는 것이 무엇일까? 니체가 말한 '힘의 본능'으로 행동하는 동물과 같은 모습? 아니면 도덕 규칙은 단지 사회관계를 개선시키기 위한 행동 강령이라고 생각하는 평범한 시민의 모습? 결국 그 어느 것도 답이 아니다! 도덕을 잊어야 죄책감을 달랠 수 있다면 치러야 할 대가(인간으로서의 지위 포기)는 우리가 바라는 해결책이 아니다.

완전하지 않은 상태를 개인의 탓으로 돌리는 태도

어쩔 수 없는 일인데도 왜 책임감을 느껴야 할까? 어찌 되었든 우리 잘못은 아닌데 말이다. 왜, 그리고 무엇을 위해 단지 인간이라는 이유로 죄책감을 느껴야 하는가? 바로 이것 때문에 우리가 죄책감을 느끼기 때문이다! 예를 들면, 자신이 낳은 아기를 보고도 애정이 생기지 않는 여자가 있다고 해보자. 여자는 아기가 자신의 삶을 차지하는 낯선 존재로 보일 뿐이다. 아이에 대한 사랑이 부족한 것은 여자의 잘못이 아니다. 원인은 산후우울증에 있다. 하지만 이유가 있어도 여자에게 달라지는 것은 없다. 여자는 엄마라면 아이를 사랑해야 하지만 억지로 되지는 않으며 자기 탓이 아니라는 사실을 잘 안다. 그래도 여자는 아이에게 사랑을 느끼지 못하는 자신의 마음을 용서할 수 없는 죄로 생각한다. 아무리 자신의 잘못이 아니라는 소리를 들어도 죄책감을 느낀다. 마찬가지로 우리는 가까운 사람이 사고로 죽었을 때 자책한다. "미리 알았더라면 사고를 막았을 텐데!" 혹은 "왜 하필 그 사람에게 그런 일이 일어난 거야? 내가 대신 당했어야 하는데!"라고 우리는 생각한다. 죄책감에 시달리며 마음이 괴롭다. 하지만 굳이 죄책감을 느낄 필요가 없다는 것도 잘 안다. 어찌 되었든 그 사고에 우리가 직접적으로 책임이 있는 것은 아니기 때문이다. 우리는 사고가 날 것을 미리 예상할 수 있는 능력이 없다. 우리의 한계다. 하지만 어찌 되었든 남의 일이 아니라 우리의 일이다. 사고를 미연에 방지하지 못한 것은 바로 우리다. 그래서 우리 탓이라 생각한다. 우리의 한계를 마음대로 바꿀 수는 없지만 어찌 되었든 사고를 예상하지 못한 것은 우리다. 그 어떤 위로도 소용없다. 할 수 없는 일이라 해도 사고 날 것을 미리 알았어야 했는데 알지 못한 것은 우리의 책임이라고 생각한다. 인간은 잘못을 저지를 수 있는 존재이지만 나의 잘못이 되는 순간 죄책감을 느낀다. 아이를 사랑할 수 없는 여성도 마찬가지다. 납득할 수 있는 설명이 나올 때까지 사랑이 부족한 것은 남이 아니라 엄연히 그녀 자신이다. 그래서 여자는 자기 잘못이 아니더라도 아기에 대한 애정이 부족한 자신을 자책한다.

우리는 영원불멸할 수 없고 무한히 자유로울 수 없기 때문에 근원적으로 죄책감을 느낀다. 우리의 현재 모습, 즉 인간으로서 가질 수밖에 없는 유한함에 죄책감을 느낀다. 타고난 죄책감이 심해지면 운명에 대해서도 도덕적인 책임을 느낀다. 운명을 피할 수 없다는 생각이 번쩍 들면서 우리뿐만 아니라 역시 인간인 다른 사람들도 괴로워한다. 무겁게 짓누르는 운명을 부당하다고 생각할 수밖에 없다. 하지만 부당한 것은 우선 우리가 받는 특혜다. 왜 저 사람들이? 왜 우리가 아니고? 어찌 되었든 우리는 같은 나무를 깎아 만들어진 인간인데. 운명의 장난에 피해를 당하지 않고 무사할 때 어떻게 인간으로서 죄책감을 느끼지 않을 수 있는가? 고통을 겪는 사람들 보면 어떻게 죄책감이 들지 않을 수 있는가? 불행한 사람, 가난한 사람 혹은 아픈 사람 앞에서 우리는 빚을 진 듯 무거운 마음이 되어 우리가 누리는 안락함에 대한 대가로 이들을 도와야겠다고 생각한다.

"운이 좋은 사람은 세상의 고통과 비참함에 대해 듣고 싶어 한다. 마침내 그는 희생해서 칭찬받을 준비가 되어 있다. 하지만 상상은 여기서 끝나지 않는다. 끔찍한 고통을 상상한다. 상상하는 고통이 그 어느 때보다 끔찍할 때 그에게 떠오르는 생각과 들리는 목소리가 있다. 너한테도 닥칠 수 있는 일이야. 그의 피에 관대함이 있다면 이렇게 말할 것이다. 왜 내가 다른 사람보다 운이 좋은 것일까?"(『인생길의 단계』, 536쪽)

죄책감을 넘어 스스로 죄인이라 생각하다

죄책감은 심리적으로 극복할 수 없다는 것을 알게 될 때 즉각 활용하는 것이 오래전부터 종교가 말하는 '죄'의 개념이다. 우리를 죄인으로 만드는 죄책감을 제대로 설명하는 데 죄의 개념만큼 적절한 것이 없기 때문이다. '죄'라는 개념은 엄격한 느낌을 주는데, 유한한 존재인 인간이 죄책감을 느끼는 상태를 잘 보여준다. 랭보는 죄악에 대해 이렇게 설명했다. "죄악은 무언가를 알 때가 되면 고통의 뿌리를 내 옆으로 뻗쳤다. 나는 하늘을 향해 오르려고 발버둥을 치지만 뒤로 넘어졌고 몸을 질질 이끌며 간다."

모든 절망은 우리가 죄인이라는 우울한 감정 때문에 커진 것은 아닌가? 1부에서 살펴보았듯이 절망은 실존의 목숨을 가차 없이 나타내는 자신에 대한 증오였다. 원하는 대로 자유로울 수 없다는 생각에 우리는 절망한다. 한쪽에서는 자유와 영원불멸을 추구하는 본능, 또 한쪽에는 정체성이라는 벗어던질 수 없는 무거운 짐. 이 둘 사이의 갈등이 절망을 키운다. 그런데 이제 알아보아야 할 것이 있다. 왜 자기 증오가 심해져 자기 비하로 확대될까? "나는 아무것도 아냐, 실패한 인간이야, 아무짝에도 쓸모없는 인간이야." 절망한 사람이 이토록 자책하지 않는다면, 원하는 자신의 모습이 될 수 없어도 마음을 다잡으면 된다. 그리고 자연의 법칙처럼 당연하다고 생각한다면 자기 자신에게 절망할 일은 없을 것이다. 그렇다면 왜 절망할까? 부담스러운 삶의 모순을 자신이 부족해서 생긴 일이라 보기 때문이다. 따지고 보면 직접 관련이 없어도 자기 탓이라 생각한다.

자기 탓이라고 생각하는 감정은 탈출구가 없어 끔찍해 보인다. 이런 의미에서 실존의 위기와 관계된다. 하지만 실제로 죄책감은 희망의 끈을 놓지 않겠다는 의미다. 우리가 원하는 모습이 되지 못하면 인간이라서 어쩔 수 없어서가 아니라 우리가 실수해서 그렇다고 생각한다. 살다가 일이 안 풀릴 때 계속 개인이 부족해서라고 생각하지만 희망도 여전히 간직한다. 하지만 우리가 삶이 풀리지 않을 때 우리 탓이 아니라 안타까운 인간의 운명 때문이라 생각하면 결과는 전혀 다르게 나타난다. 이때는 완전한 행복이라는 이상이 갑자기 우리를 속이는 거짓말로 비추어진다. 이것이 진실이라 생각하고 우리가 거짓 속에 살고 있다는 생각에 맞서겠다고 결심한다.

"자아는 진실이다. 자아만큼 내면적인 표현이 있을까? 자아는
진실이라는 문장이 이렇게 시작될 때도 있다. 자아는 진실이
아니다. (……) 이를 가리켜 죄를 진 개인은 진실이 없다고 한
다."(『철학적 단편에 붙이는 비문학적 해설문』, 13쪽)

짚고 넘어가기

1 일이나 가정생활 때문에 스트레스를 받고 불안할 때가 많은가? 왜 그런가? 혹시 책임질 일이 너무 많고 무엇이든 잘하고 싶고 실패를 용납하지 못해서는 아닌가?

2 이제 책임지고 있는 부담스러운 일에서 일부 벗어났다고 상상해보자. 기분이 어떨 것 같은가? 큰 부담에서 벗어나 마음이 가벼울까? 아니면 남아 있는 다른 일 때문에 여전히 불안할까? 아이는 책임질 큰일이 많지 않지만 학교에서 받는 점수 때문에 불안해한다.

3 주변 사람들이 끝없이 죄책감을 심어주는 말이나 행동을 할 때가 있는가? "너는 늘 내 탓을 하는구나! 네 눈에는 내가 하는 일이 전부 별로지! 내가 무엇을 해도 네 성에 안 차는 거지." 솔직해보자. 상대방에게 이런 원망을 들을 만한가? 혹시 상대방 때문에 죄책감이 든다면 상대의 존재 자체가 죄책감을 안겨주는 것은 아닐까?

4 비난받을 때마다 죄책감이 든다면 다시 한 번 생각해보자. 원래 죄책감을 잘 느끼는 성향이 아닌가? 그렇지 않다면 이렇게 민감하게 받아들일까? 죄책감은 상대가 억지로 주입시킬 수 없다. 죄책감을 잘 느끼는 성향은 개인적인 문제다. 이미 벌어진 일을 남 탓하면서 벗어나고 싶지 않은 성향이다.

5 우리는 지나치게 큰 고통이나 장애를 보면 시선을 외면하는 경향이 있다. 만일 여러분도 마음이 불편하다면 '양심의 가책' 같은 것을 느껴서 아닌가? 왜 그런가? 어찌 되었든 배를 곯지 않고 두 발로 걸을 수 있는 것은 여러분의 운이지 잘못이 아니다! 그렇다면 다른 사람들은 불행을 보면 왜 그렇게 죄책감이 드는가?

신의 존재

'진실을 없다'는 의식이 없으면 저대로 허심탄회하게 신을 생각할 수 없을 것이다. 웃긴 생각이라 보는가? 그저 미신이라 생각하는가? 오히려 그 반대다. 원하든 원하지 않든 우리의 삶은 신이라는 존재와 연결되어 있을 수밖에 없어서 종교적이다. 이렇게 보면 독실한 신자와 철저한 무신론자 사이에는 별 차이가 없다. 모두 신과 연결되어 있는 것은 똑같기 때문이다. 독실한 신자와 철저한 무신론자 모두 종교에 영향을 받는 삶을 살고 있다. 흔히 생각하는 것과 달리 무신론자 자체가 종교적이다. 신을 믿지 않겠다는 태도는 신을 부정적으로 생각하는 것일 뿐 여전히 신과 연결되어 있다고 할 수 있다.

이성만을 유일한 진실의 잣대로 삼으려는 마음

앞에서 말한 주장에 확신할 수 없는 사람들도 있을 것이다. 많은 사람이 신을 생각하면 광적인 믿음 아니면 무신론을 떠올린다. 신은 거대한 환상일 뿐이라고 생각한다. 영원불멸을 지향하는 우리의 감정이 환상인가? 우리가 무한정 자유롭다는 확신이 말도 안 되는가? 문학에서는 그렇다. 인간에게 믿는다는 것은 어떤 의미일까? 신이 낳았다는 종교의 설교를 들을 때, 순진무구한 말이라고 생각하는 사람들이 있다. 오히려 인간이 신을 낳았다고 주장하는 사람들도 있다. 심지어 이들은 애어른, 청년의 아이, 지적 성숙이 덜 된 아이 등 이성이 풀리며 마음껏 유치한 상상의 나래를 펴는 표현도 이야기할 때가 있다!

합리적이려고 노력하는 사람에게 신이 있다는 생각은 진지하게 들리지 않는다. 아무리 신이 있다고 증명하려고 해도 오직 철학자들처럼 철저하게 합리적인 이유를 대야 한다. 우주의 기원을 무한정 찾고 싶은 마음에 만물을 탄생시킨 큰 원의 존재를 생각하게 된다. 그렇지 않으면 우주의 기원을 찾지 못한 채 무한정 후퇴해야 하기 때문이다. 이렇게 신을 믿는 방법은 종교와 아무런 관련이 없다. 계시나 광적인 믿음을 필요로 하지 않는다. 이렇게 신을 믿는 방법을 가리켜 '이신론'이라고 한다. 최고 존재자의 존재를 합리적으로 믿는 것이다.

그런데 신을 생각하려면 무언가 다른 것이 필요하다. 초월적인 현실이나 인간이 이해할 수 없는 현실 같은 것 말이다. 신이 있다고 생각하려면 인간의 지식에 기대지 않고 이성을 무장 해제시켜야 신비함을 받아들일 수 있다. 무한한 자유, 영원불멸, 절대적인 것을 갈망한다면 초월적인 존재에 끌린다는 뜻 아니겠는가? 우리가 우리 자신과 가까이 대면할수록 또 다른 신비가 펼쳐진다.

"오, 자아여, 자아여 (……)
내면에 있는 나의 위대함이 외치는 메아리를 기다린다.
쓸쓸하고 어둡고 소리가 울려 퍼지는 저수통
영혼 속에서 언제나 공허한 미래를 울린다."*

진지한 느낌이 드는가? 만일 이 글이 앞뒤가 맞지 않게 들리거나 그저 서정적인 상상으로 쓴 것처럼 보인다면 여전히 이성을 기준의 잣대로 삼기 때문이다. 실제적인 것이 합리적인 것과 다르다고 생각하기가 힘들다. 우리가 모든 것을 안다고 주장할 수 없다. 따라서 앞으로 알아야 할 모든 것은 적어도 합리적인

*　폴 발레리, 『해변의 묘지』.

지식에 속하는 것 같다. 모든 것을 실제로 알 수 없다고 해도 존재하지 않는 것은 이성으로 설명할 수 있다. 따라서 부조리해서 생각할 수 없는 현실은 거추장스러운 존재가 된다. 이런 현실은 그냥 받아들이지 않게 된다. 결론적으로 우리가 이성을 모든 진실 탐구의 잣대로 삼는다면 은연중에 신을 거부한다.

합리적인 이성 너머에 있는 미지의 존재

이성의 영향으로 신앙이 약화되고 이것 자체가 합리적인 믿음이라니 재미있다! 오히려 이것은 우리가 질문을 해보아야 할 광적인 믿음이다. 평범한 사람이 철학자보다 절도 있는 이유는 이성을 신봉하기 때문이다. 왜 이성을 진실 탐구의 척도로 삼아야 할까? 이성을 이토록 신뢰하는 것이 타당한가? 오히려 우리가 자체적으로 알아가는 힘이 무엇일지, 이성의 한계는 무엇일지 생각해보아야 하지 않을까? 알고 싶다는 열망이 있으면 그에 걸맞게 노력해야 한다.

"어떤 열정이든 절정에 달하면 스스로 사라져버린다. 무엇인가를 알고 싶다는 열정도 최고조에 오르면 역시나 충격을 찾아 헤맨다. 그 충격이 자체적으로 피폐해져도 말이다. 그 자체가 생각할 수 없는 것을 발견하고 싶어 하는 것이 생각의 최고 부

조리다. 생각의 열정은 실제로 생각 안에도, 개인의 생각 안에
도 존재한다. 개인은 생각을 하면 개인을 뛰어 넘기 때문이다."

(『철학적 조각들』, 75쪽)

마지막 문장을 설명하면 이렇다. 아무리 우리가 원해도 우리
의 생각이 자체적으로 생각하지 못하는 것을 발견하고 싶어 하
는 욕구를 막을 수 없다. 생각은 우리 마음대로 되지 않는다. 생
각은 자체 논리가 이끄는 대로 흘러간다. 하지만 이런 논리를
따르다 보면 결국 생각은 자체 소멸로 가게 된다. 생각은 즉각
'미지의 것'이라는 개념에 다가간다. 생각이 정보가 부족해 미
지의 것을 이해하지 못하는 것이 아니다. 미지의 존재가 생각이
알고 있는 정보의 범위를 넘기 때문이다.

"아무리 알려고 해도 알 수 없는 이 미지의 존재는 무엇일까?
인간조차 지식을 동원해도 알 수 없다. 바로 미지의 존재다. 인
간은 알려져 있으니 인간과 관계된 것은 아니다. 인간이 아는
다른 존재도 아니다. 따라서 이 미지의 존재를 신이라 부르자.
우리가 미지의 존재에게 붙여줄 수 있는 이름은 '신'뿐이다."

(『철학적 조각들』, 77쪽)

이름은 이름일 뿐이다. 미지의 존재에게 '다른 것' '절대적인 것' '다른 존재' '초자연'이라는 이름을 붙여도 마찬가지다. 본질은 변하지 않는다. 여기서 신의 존재는 그리스신화나 로마신화에 나오는 신들처럼 상상의 산물이 아니라 인간의 이성이 탄생시킨 것이다. 이성은 자연스럽게 진실의 척도 행세를 하지 않는다. 이성은 그저 진실이 아니다! 따라서 이런 생각을 하느냐 하지 않느냐는 우리 마음대로 할 수 없다. 철저한 무신론자도 신을 믿지 않는다고 단언하기에 오히려 신의 존재를 생각한다고 할 수 있다. 조금 더 깊이 들어가 보자. 무신론자가 신을 믿지 않는다는 것은 정확히 무슨 뜻일까? "나는 신을 믿지 않습니다"라는 말에는 어떤 의미가 있을까? 신이 있다는 생각을 믿지 않는다는 뜻이다. 그 이유는 신의 존재를 믿는 것은 자유롭게 결정할 수 없는 일이기 때문이다. 합리적으로 보면 신을 믿으려면 신이 있어야 한다.

> "미지의 존재를 언급하면서 미지의 존재가 없다고 부정하는 것은 말이 안 된다. 미지의 존재를 부정하려면 미지의 존재가 있어야 한다."(『철학적 조각들』, 82쪽)

무신론자라고 이야기할 때 알리고 싶은 메시지는 신이 존재하느냐 존재하지 않느냐를 판단하자는 것이 아니라 신의 정체성을 판단하자는 것이다. 즉, 내가 이야기하는 미지의 존재는 무엇인가? 신인가? 성경에서 이야기하는 그 신인가 아니면 다른 신인가? 그러니까 신의 존재를 묻는 것이 아니라 어떤 존재인가를 묻는 것뿐이다.

"신의 존재를 증명하기 위해 내가 증명하고 싶은 것은 미지의 존재가 신이라는 사실이다. 만족스러운 표현은 아니다. 그 존재를 비롯해 증명한 것이 없기 때문이다. 하지만 이론을 발전시키고 있다."(『철학적 조각들』, 77쪽)

미지의 존재가 누구인가는 부차적인 질문이 아니다. 미지의 존재를 인정한 후 나오는 질문이다. 무신론자든 아니든, 교회에 성실하게 다니든 단 한 번도 발을 들여놓은 적이 없든 이것은 모두 매우 종교적인 태도다. 심지어 일체의 종교의식에 관심이 없다고 하는 사람도 무관심으로 표현할 뿐 신을 언급하기에 종교적이다. 신에 관심이 없다고 하려면 먼저 신의 존재를 뚜렷이 의식하고 있어야 가능하다.

미지의 존재에서

여기서 종교적인 면을 이야기하면 다소 과하게 느껴질 수도 있겠다. 종교는 신이라는 생각 안에서만 존재한다고 알고 있기 때문이다. 그뿐만 아니라 종교 이야기를 하려면 설교와 성서, 개인의 신앙심이 필요하다. 그런데 이 모든 것이 우리와 직접 관련이 없으며 '사제들의 이야기'와 전혀 은밀한 관계를 맺고 있지 않다고 말할 수 있을까? 논리적으로 보면 이런 주장조차 할 수 없을 것이다. 미지의 존재를 생각하면 계시를 생각할 수 있기 때문이다. 계시를 받은 적이 없어도 그렇다. 종교 계시에 대해 어떤 생각을 하던 계시를 생각하려면 계시가 필요하다 신을 생각하려면 신이 필요한 것과 같은 논리다. 여기서 끌어낼 수 있는 결론이 있다. 미지의 존재는 시공간에서 계시를 통해서만 알려질 수 있다. 신에 관한 이야기를 우리가 아는 정보만 갖고는 설명할 수 없다. 계시가 필요한 이유는 아직 우리가 진실을 찾아낼 수 없기 때문이다.

계시, 일명 '복음'을 믿느냐의 문제는 속 시원히 해결되지 않는다. 복음은 사람과 사람 사이에 전해지는 좋은 이야기라고 할 수 있다. 조금 상상을 보탠다면 미지의 존재가 나타나기를 기다렸다가 지친 사람들이 복음을 전했을 수 있다. 이것이 거짓이라고 증명할 수 있는 정보도 없다. 그렇기 때문에 종교 생활은 믿음의 문제다. 물론 그 누구도 신앙을 가져야 할 의무는 없다. 신앙을 갖지 않으려면, 믿음을 거부하려면 믿지 않는 대상이 우선 있어야 한다. 종교가 없다고 말하면 특정 종교(예를 들면, 기독교)가 없다는 뜻이거나 종교 자체를 믿지 않는다는 뜻이다. 따라서 믿지 않는다는 것도 종교적인 입장이다. 먼저 종교를 염두에 둔 다음에 취하는 입장이기 때문이다. 신앙 활동으로 나타나는 복음 자체가 존재하지 않는다면 신앙이 없다는 말조차 필요 없을 것이다. 정리하면 믿음을 거부하는 태도는 종교에서 나간다는 것이 아니다. 반대로 종교라는 틀 안에서만 이해할 수 있는 입장이다.

신앙인과 비신앙인: 단순한 정도의 차이

신앙인과 비신앙인은 서로 반대되는 개념이 아니다. 비신앙인은 신앙인과 마찬가지로 종교적인 인물이며 신앙인 자체가 비신앙인과 구분되지 않는다. 실제로 종교에서는 믿느냐 안 믿느냐 중 하나를 선택하지 않는다. 종교를 믿기 위해서는 초인적인 노력이 필요하기 때문이다. 키에르케고르에 따르면 그 누구도 신앙이 있다고 당당하게 뽐낼 수 없다. 미신을 믿는 사람은 놀라운 맹신을 보여준다. 미신을 믿는 사람은 이성을 포기한 것이 아니라 이성을 우스꽝스러운 편견과 황당한 믿음을 보관하는 창고로 만든 것이다. 미신을 믿는 사람은 비판 능력을 상실했기 때문에 맹신하는 태도를 보여준다. 과격한 사상에 사로잡힌 사람들과 비슷하다고 보면 된다. 반대로 신앙은 이성을 포기해야 한다. 신앙은 비판 능력을 포기하라고 하지 않으며 의심과 불안감을 달래줄 수 있는 그 어떤 확신도 주지 않는다. 오히려 우리가 믿는 것이 진실과 가깝지 않을 수도 있음을 명심하게 된다.

"객관적으로 살펴보면 불확실한 것만 있다. 하지만 모든 것이 불확실하기 때문에 내면에서 탐구를 향한 열정이 높아져간다. 진실은 객관적으로 불확실한 것을 대상으로 삼아 과감하게 무한히 탐구하는 것이다. (……) 그런데 진실의 정의는 신앙의 정의를 그대로 가져온 것이다. 위험이 없으면 신앙도 없다. 신앙은 무한한 내면의 열정과 객관적인 불확실함 사이의 모순이다. 만일 신을 만질 수 있다면 나는 신을 믿지 않는다. 그럴 수 없기 때문에 신을 믿어야 한다. 내 신앙을 계속 간직하고 싶다면 객관적인 불확실함이 여전이 있다는 점을 끝없이 염두에 두어야 한다."(『철학적 단편에 붙이는 비문학적 해설문』, 135쪽)

아주 흥미로운 구절이다. 신앙은 불확실한 것이 있다는 의미인데, 이를 명확히 설명하고 있다. 모든 것이 확실한 사람은 신앙이 필요 없을 것이다. 신자는 함부로 확신을 해서는 안 되고 오히려 의심을 극복해가면서 믿음을 보여야 한다. 중요한 이야기다! 키에르케고르가 인용한 아브라함의 이야기가 이를 잘 보여준다. 어떻게 다정했던 아버지가 자신을 꼭 닮은 작은아들을 신에게 바치라는 목소리에 순순히 따를 수 있을까? 도덕적으로 보면 절대로 이성적인 행동이 아니다. 끔찍하고 비상식적인 행동이다! 어떤 체념하는 힘과 믿음이 있기에 이처럼 이성에서 완전히 벗어난 행동을 할 수 있을까? 만일 아브라함이 광신도였다면 의문을 제기하지 않고 따랐을 것이다. 하지만 생각 끝에 다른 대안을 찾지 못했고 앞으로 자신이 돌이킬 수 없을 일을 하게 된다는 사실을 받아들였다. 또한 자신이 끔찍한 일을 하고 있다는 사실도 충분히 알고 있었다. 그래서 대단하다. 신앙이 있다는 것은 지성에게는 괴로운 일이다. 그래서 진실을 찾을 것이라는 기대를 버리고 진정으로 믿음을 갖는다는 일은 대단히 어렵다. 키에르케고르는 다른 종교를 언급한 적은 없으니 기독교를 예로 들어보자. 기독교는 가장 불확실한 것을 믿으라고 한다. 신이 인간의 모습을 하고 나타났다는 이야기다. 이렇게 나타난 신은 모든 인류를 구원하고 자비를 실천해 십자가에 못 박혀 인간의 죄를 사해주셨다고 우리는 배웠다. 역사적으로 증명되었다고 해도 믿기 힘든 이야기라서 믿음을 가지려면 특별히 용기가 필요하다. 우리는 왜 이성을 외면한 채 신을 자처할 누군가를 믿기로 할까? 왜 말씀을 전하는 선지자나 그 제자들을 믿으려 할까? 믿음은 마치 무모한 내기 같다. 우리의 모든 삶이 종교의 영향에 놓여 있다고 해서 모든 사람이 잠재적인 신자가 될 것이라는 이야기가 아니다. 실제로는 그 반대다. 모든 신자가 무신론자가 되어 버둥거릴 것이다.

짚고 넘어가기

1   아무도 손을 댈 수도, 더럽힐 수도 없는 신성한 것이 있다고 생각하는가? 손을 대고 더럽히는 자체가 모독에 가깝기 때문이다. 예를 들면, 세상을 떠난 사랑하는 사람에 대한 기억이 좋은 예다. 아니면 아이의 순수성? 아니면 인권 같은 가치? 어떻게 해서 평범한 것처럼 취급되어서는 안 되는 특별한 존재가 되었다. 일반적으로 모든 것에는 가격이 매겨져 있다. 상당히 비싼 가격도 있다. 그리고 가격을 매길 수 없는 신성한 것도 있다. 21세기에 어떻게 이런 것이 아직 존재할 수 있을까?

2   신을 믿지 않는다면 한번 생각해보자. 솔직히 이름은 없지만 인생에서 신과 똑같은 역할을 할 것 같은 사람이나 사물이 있을지 솔직해 생각해보자. 자신을 매우 합리적이고 미스터리 영역에 속하는 모든 것에 거부 반응이 있는 사람이라고 상상해보자. 하지만 정작 최고의 감동을 느끼는 대상은 이성적으로 설명할 수 없는 미스터리한 대상이

아닌가? 매우 감동적인 음악을 예로 들어보자. 음악 안의 무언가에 날아갈 것 같은 기분이 들 것이다. 이런 기분이 들지 않는다면 음악에 감동할 수 있을까? 음악을 듣는 동안 합리적으로 설명하고 이해하려는 마음을 계속 품고 있다면 이처럼 음악에 감동을 받을 수 있을까?

3   종교를 사기라고 생각하는 편인가? 그렇다면 무엇 때문에 종교에 반감이 드는가? 무조건 믿으라고 강요하고 거짓말 같고 말도 안 되는 것 같은 이야기를 순순히 믿으라고 해서인가? 그렇다면 여러분 생각과 달리 여러분은 완전히 신앙에서 벗어난 상태가 아니다. 오히려 이미 신앙의 틀 안에서 버둥거리고 있는 것이다. 종교가 무엇인지 완벽히 이해하기 때문에 그토록 적대적인 것이다. 믿음을 위해 무엇이 필요한지 제대로 알고 있고 종교가 사람들에게 줄 수 있는 매력에 관심이 가기 때문이다. 정리하자면 종교를 매우 진지하게 생각하는 것이다. 따라서 신자의

진지한 두려움에서 그리 멀리 떨어지지 않은 상태다.

4　별로 관심 없는 질문들일 수도 있겠다. 스스로 믿음이 있는지 생각해보지 않았을 것이다. 사실 이런 생각 자체에 전혀 관심이 없다. 하지만 의사에게 내일 당장 죽을 것이라는 이야기를 들으면 신앙에 무관심한 마음이 조금 더 줄어들 것이다. 불치의 병에 걸렸지만 죽을 날이 내년이 될지, 10년 후가 될지 30년 후가 될지 모른다고 상상해보자. 이런 상황 때문에 무언가 변화가 생긴다고 하면 왜 현재의 상황은 심각하게 생각하지 않는가? 불치의 병에 걸렸든 걸리지 않았든 내년에 죽을지, 10년 후나 30년 후에 죽을지 모르지 않는가.

5　신앙이 있는 신자인가? 그렇다면 믿음이 어느 정도 신실할지 생각해보자. 믿음을 권고 받은 것 중에서 정말로 터무니없다고 생각되는 것이 없는가? 교리를 여러분의 편

의에 따라 바꾸는 스타일은 아닌가? 예를 들면, 예수는 하나님의 아들이라고 믿고 싶지만 마리아가 동정녀 상태에서 예수를 낳았다는 것은 받아들이기가 힘들다. 천당은 믿고 싶지만 지옥은 있는지 의심이 간다. 육신의 부활은 믿겠는데 원죄는 아니다. 스스로 믿고 싶은 것을 선택한다면 여전히 종교라고 할 수 있을까?

복음

믿음을 가질 타당한 이유가 없다면 왜 그럴까? 답은 하나다. 완전한 행복을 포기했기 때문이다. 죄를 인식하고 신과 관계를 맺을 때 종교적인 삶을 살게 된다. 우리가 생각하는 것과 달리 모든 사람들이 행복을 추구하지는 않는다. 마찬가지로 모든 사람이 선을 추구하는 것은 아니다. 무엇보다 우리 모두 기적적으로 구원이 일어나기를 은근히 꿈꾼다.

신앙: 절망스러운 상황 때문에 포기한 해결책

"위로 받고 싶은 마음을 채울 수 없다." 스웨덴 작가 스티그 다거만Stig Dagerman이 쓴 글이다. 다거만이 자살하기 직전에 쓴 마지막 원고의 제목이기도 하다. 도입부부터 작가는 누구나 생각해보아야 할 것으로 믿음의 문제를 분명히 제기했다.

"나는 믿음이 없어서 행복할 수 없다. 죽음을 향해서 엉뚱하게 방황하는 삶이 될까 봐 두려운 사람은 행복할 수 없다."

위로 받고 싶은 마음, 아무리 노력해도 삶이 모순을 끝낼 수 없다는 것을 분명히 깨닫고 절망할 때 드는 마음이다. 우리는 삶의 모순과 너무나도 단단히 연결되어 있어서 우리의 힘으로 빠져나가고 싶다는 희망을 갖기가 어려울 정도다. 치료를 받으면 절망이 누그러지고 고통이 줄겠지만 우리가 속한 인간의 조건에서 해방될 수는 없다. 완전한 행복이라는 이상을 윤리적으로 추구한다고 주장할 때 용기를 내보여도 삶의 모순에서 해방되기는커녕 더욱 강하게 인식하게 된다. 원점으로 돌아와 보자. 우리가 느끼는 절망. 절망 때문에 종교적인 삶을 산다.

"미학적인 삶은 즐거움으로 이루어져 있고 윤리적인 삶은 투쟁과 승리로 이루어져 있지만 종교적인 삶은 고통을 의미한다. 과도기의 고통이 아니라 끝없이 따라다니는 고통."(『철학적 단편에 붙이는 비문학적 해설문』, 192쪽)

이러한 이유로 신앙의 문제는 '믿는다, 안 믿는다'같이 단순하고 평범한 문제가 아니다. 종교를 예수 그리스도나 하나님 아버지를 믿느냐의 여부로 연결되는 교리로 다룬다면 종교 생활을 제대로 이해하지 못한 것이다.

어원적으로 신앙은 믿음이 아니라 믿음의 '행위'를 뜻한다. 사물이나 사람은 신앙의 대상이 아니다. 사람을 믿는 대상으로 삼을 수는 있다. 즉, 그가 어떤 사람이든 그가 말하는 것은 진실로 생각하겠다는 뜻이다. 종교적인 신앙은 하지만 종교적 믿음은 절제된 판단이라기보다는 정서적인 관계에 가깝다.

"신앙은 지적으로 모자란 사람들을 위한 가르침도 아니요, 마음 약한 사람들을 위한 피난처도 아니다. 신앙은 그 자체의 영역이다. 하지만 신앙이 기독교를 교리로 바꾸고 학문 분야로 확대하면서 기독교에 대한 오류가 보이게 되었다. 학문 영역이 최대로 할 수 있는 것은 학자의 세계에 무덤덤해지는 일이지만 반대로 신앙에서 최대로 할 수 있는 것은 주인의 세계에 대한 무한한 관심이다."(『철학적 단편에 붙이는 비문학적 해설문』, 129쪽)

신앙은 원래 정서적인 것과 관계되기 때문에 중립적인 약속이 아니다. 신앙은 우리가 정서적으로 기대하는 것을 제공한다. 복음의 내용은 객관적으로 생각하려고만 하면 아무런 가치가 없다. 오히려 복음의 가치를 무시하는 큰 실수를 저지르게 된다. 복음에 대한 믿음은 믿는 행위이며 간절한 바람의 표현이다. "깊은 곳에서 주 예수를 향해 외친다. (……) 나의 영혼은 주 예수를 기다린다. 감시병이 새벽빛을 엿보지 않도록 해주소서." 시편 129장의 구절이다. 모두 믿음을 저버리려 하는 명분을 여전히 믿으려고 하는 사람들의 이야기다. 지금도 여전히 불가능한 것을 믿을 수는 있다. 이는 신앙에 대한 정의가 된다. 체념하는 태도가 아니라 포기하지 않는 끈질김이다. 이러한 끈질김은 사랑의 불씨가 꺼지지 않기 위해 끝없이 노력하는 커플들에게서 보일 때가 있다. 여러 가지로 보았을 때 오래가는 커플과 그렇지 않은 커플의 차이는 커플이 마주하는 시련의 종류(커플이 당하는 시련은 거의 큰 차이가 없다)가 아니라 시련을 물리칠 수 있다는 변하지 않는 희망에 있다. 신앙도 마찬가지다.

"어느 고요한 날 배에 조용히 앉아 있는 것은 신앙을 표현한 이미지가 아니다. 배에 물이 들어오자 펌프를 사용해 열심히 물을 빼내 배가 가라앉지 않게 애쓰고 쉽게 항구로 돌아가려 하지 않는 것, 이것이 신앙을 표현하는 이미지다."(『철학적 단편에 붙이는 비문학적 해설문』, 149쪽)

요즘 우리가 신앙에서 지나치게 멀어진 이유는 조금 더 합리적이 되어 웬만해서는 쉽게 넘어가지 않아서다. 종교 생활이 쇠퇴한 진정한 이유는 다른 데에서 찾아야 한다. 우리가 본성을 잊은 것이 그 원인이다. 보여주기식 삶을 살다 보니 인간의 운명에 깃든 비극을 강하게 느끼지 못한다. 햄릿이 죽음을 생각하며 슬픔에 잠긴 이유는 단지 심한 우울증 때문이라고 우리는 생각한다. 우울증이라면 햄릿은 지나친 걱정을 할 필요가 없다. 덴마크에 죽음이 있는 것이 아니라 그저 햄릿의 상태가 안 좋은 것뿐이다. 이런 말을 들으면 자연스럽게 종교가 더 이상 그리 필요하지 않은 사람들처럼 종교를 아래로 내려다보게 된다. 기독교를 포함해 종교가 역사적으로 크게 성공한 이유는 정말로 간절한 사람들에게 희망의 메시지를 주었기 때문이다.

희망에 거는 기대: 불가능한 것에 대한 믿음

하지만 종교 문제는 이렇게 가볍게 다룰 일이 아니다. 앞으로도 우리는 절망을 겪게 될 수도 있는데 어떻게 종교를 가볍게 다룰 수 있겠는가? 키에르케고르가 멋지게 쓴 문장에서 인용하자면 아픈 아이의 침대맡을 지키는 어머니에게는 기도를 발명해주어야 한다. 마치 사랑의 괴로움에 빠진 사람에게는 시를 발명해주어야 하는 것처럼 말이다. 정확한 지적이다. 당장의 해결에 희망을 거는 사람들에게 기도는 별 쓸모가 없다. 그보다는 스스로 행동할 방법을 찾는 것이 낫다. 하지만 해볼 것은 다 해보았으나 더 이상 희망이 남아 있지 않을 때는 불가능한 것도 가능해질 수 있다고 믿는 수밖에 없지 않는가? 사랑한 사람을 잃어본 경험이 있으면 이해가 될 것이다. 모든 것이 끝났다며 희망을 포기한 것이 아니라면 사랑하는 사람이 죽었다는 끔찍한 상황을 어떻게 견뎌야 하는가? 정말로 암담한 상황에 놓이게 되면 재빨리 희망을 품을 수 있게 된다. 사도신경을 달달 외우고 있지 않아도 기도하고 싶은 마음이 저절로 생긴다. "신이여, 도와주소서!" 이런 문장을 한 번도 내뱉어본 적이 없다고 확신하는 사람이 과연 얼마나 될까?

> "기도하는 것은 숨 쉬는 것과 같다. 나에게 가능하다는 희망이 필요하다면 폐에게는 산소가 필요하다. (……) 이러한 어려움으로 종교 생활에 입문한 사람만이 모든 가능성을 이해한다. 이런 사람만이 신을 만났다."(『죽음에 이르는 병』, 387쪽)

간단히 말해 기적을 믿겠다는 태도에 관한 것이다. 그런데 초자연적인 현상을 모두 가리켜 기적이라고 하지는 않는다. 신이 존재한다는 수많은 증거와 마찬가지로 초자연적인 현상이 있기에 믿음을 갖게 되었다. 덕분에 마침내 필요로 하는 증거를 알고 손에 얻을 수 있게 될 것이다! 실제로 기적은 무엇보다 복음 자체에 있다. 복음에 따르면 불가능해 보이는 것도 가능하고 영원한 사랑은 쓸데없는 말이 아니며 영원한 행복은 허황된 소원이 아니며 선을 추구하는 모든 윤리적인 노력은 신의 섭리가 도와주기에 쓸데없는 행동이 아니다.

이것이 진정 맹신일까? 꿈을 현실로 착각하는 어설프고 편리한 방식이라고 말하는 사람들도 있을 것이다. 하지만 기적을 믿는 것이 말도 안 된다면 강렬한 사랑, 도덕적인 것에 대한 감동을 포함해 모든 미학적인 흥분도 엄밀히 따질 때 마찬가지다. 이런 것도 전부 기적에 속한다! 시간과 영원불멸함이 조화를 이루기에는 부족한 순간의 기적일 수도 있다. 하지만 어찌 되었든 기적은 기적이다. 우리가 회의적인 마음에 젖어 있는 요즘도 '은총이 있는' 순수한 순간을 보고 싶어 한다. 그러한 순간에 우리의 마음속에는 경건한 마음이 일어난다.

"사랑의 감정은 순식간에 일어난다. 종교도 마찬가지다. (……) 사랑의 기적과 순수한 종교의 기적은 비슷하다. 사랑의 감정이 합리적으로 설명될 수 없는 것처럼 종교적인 감정도 마찬가지다! 상식을 존중하는 선량하고 정직한 사람은 불합리가 존재하

며 불합리는 저절로 이해될 수 없다는 것을 잘 이해한다."(『인생 길의 단계』, 188쪽)

여기서 키에르케고르가 설명한 내용은 현실에서도 쉽게 확인할 수 있다. 사랑에 빠지면 자연스럽게 종교적인 어휘를 사용해 사랑을 표현하려고 하지 않는가? 사랑하는 사람은 '숭배의 대상', 사랑하는 사람을 통해 마음속에서는 '영감' '황홀' '도취'라는 감정이 솟아난다. 사랑하는 사람은 '하늘이 내린 선물'이다. 진정한 사랑은 무의식적으로 작은 기적처럼 생각한다는 증거다.

체념은 사절

그래서 기적을 믿는다. 수많은 페이지에 걸쳐 우리 인간의 삶이 처한 문제를 다루는 것은 결국 이러한 결론을 내리기 위해서다. 어쩌면 여러분은 실망했을 수도 있겠다. 시시한 해결책이라고 생각할 수도 있겠다! 그러니까 키에르케고르는 이보다 더 나은 해결 방법을 제시하지 않는 것인가. 겉으로 보면 시시할 수 있어도 잘 생각해보면 매우 야심찬 해결 방법이다. 절대로 여러분 자신을 포기하지 말라는 메시지를 전하는 진심 어린 말이다. 체념은 현재의 삶을 저버리고 더 나은 세상이 있다는 생각을 위로 삼아 현실을 회피하는 것이다. 따라서 체념하지 말라는 것이다. 체념한 사람은 이번 생애에서는 이상을 실현할 수 없으니 다음 생애를 기대하겠다고 말한다. 하지만 키에르케고르가 제시한 해답은 "참을성을 갖고 내게 일어난 일을 지금 이 생애에서 감당해야 한다"라는 것이다. 이런 태도가 누구나 할 수 있는 일이라면 왜 권하겠는가? 병에 걸린 아이가 죽어가는 모습을 왜 그대로 보고 있어야 하는가? 이런 고통에 어떻게 체념하고 손을 놓을 수 있는가? 어머니가 아이에게 간절히 바라는 것은 죽지 말라는 것이다! 어머니가 원하는 것은 여기서, 지금 기적이 일어나라는 것이다.

삶의 고통과 맞설 수 있는 효과적인 방법을 제시하겠다고 나서는 철학 이론은 넘쳐나지만 방법은 대부분 거의 비슷하다. 필연적인 운명은 맞설 수 없으니까 싸우려고 해보아야 소용없다. 그것보다는 받아들여야 한다. 필연적인 운명이라면 받아들이는 법을 배우는 것이 이성적이다. 스토아학파는 이를 가리켜 '운명애'라고 했다. 욥은 자신의 머리 위로 수많은 재앙이 하나씩 떨어지자 처음에는 체념한 듯 받아들인다. "신이 주신 시련이다. 또 주신 시련이다. 주에게 영광이 있으라." 그러다가 어느 순간 운명을 감내하는 것에 지친 그는 분노를 쏟아냈다. "나의 고통은 바다의 모래보다 무겁다!" 이 순간, 그는 받아들일 수 없는 것을 더 이상 받아들이지 않으면서 완전한 행복이라는 이상을 그대로 믿으며 최고의 신앙을 보여준다.

> "욥이 위대한 이유는 가식적으로 만족한 척하며 자유의 열정을 포기하고 억제하지 않았기 때문이다."(『일기』, Ⅲ, 189)

이렇게 보면 우리도 욥과 마찬가지다. 아무리 철학자들이 현명한 방식이라며 권해도 우리는 악, 질병, 부당한 벌 앞에서 체념하지 않아야 한다. 무고한 사람이 희생되는 것만큼 끔찍한 것은 없다. 이런 부당함에 맞서지 않는 것은 절대로 정당화될 수없다. 우리 자신의 일부를 버리면서 고통에 맞서라고 제안하는 해결 방법이야말로 부자연스럽다. 예를 들면, 현실을 외면하고 상상의 세계에 빠져 자유와 영혼불멸을 갈구한다. 상상의 세계에서는 필연적인 운명과 현재의 시간은 더 이상 존재하지 않는다(체념을 부추기는 해결책). 반대로 운명과 흘러가는 시간은 집요하므로 주어진 것을 받아들이는 것 외에 다른 자유는 없다(운명애를 강조하는 해결책). 하나같이 부자연스러운 해결 방법이라서 실천할 수가 없다. 우리의 삶은 모순적이니 일부 포기하고 받아들이라는 것이다. 그러므로 자유로운 개인으로서의 삶을 버리라는 것이다. 하지만 우리는 자유로운 개인이기에 절대로 자유를 포기할 수 없고, 마찬가지로 '현재 사는' 이 세상도 포기할 수 없다.

또한 우리는 당연히 기적을 믿고 싶어 한다. 다른 세상에 해결 방법이 있다고 알려주는 것은 기적이 아니다. 기적은 여기서, 지금 해결책을 제시하는 것이다. 종교적인 믿음은 지금의 삶을 포기하는 것이 아니라, 오히려 그 어느 때보다 지금의 삶을 충실하게 사는 방법이다. 어떤 일이 있어도 필연적인 운명에 맞섰다는 강한 믿음을 갖고 지금의 삶을 살아가는 방식이다. 키에르케고르는 이러한 상황을 곡예사의 상황에 비유한다. 곡예사는 공중으로 뛰어올랐다가 같은 자리에 착지한다. '제자리 뛰기'는 특별한 변화가 없는 상황, 절대로 회피하지 않으려는 태도와 일치한다. 겉으로 보면 변한 것은 아무것도 없다. 신앙을 갖기 전에 했던 일이나 지금이나 똑같은 것을 한다. 구체적으로 여러분이나 다른 사람들이나 같은 상황을 겪는다. 아무것도 달라지지 않았다. 하지만 동시에 모든 것이 달라졌다.

기적을 믿어도 필연적인 운명을 막을 수는 없을 것이다. 욥은 여전히 퇴비 더미에 앉아 있을 것이다. 어머니는 아이가 살아나게 해달라고 밤새 기도를 하지만 특별히 달라지는 것은 없다. 무언가가 갑자기 달라지는 기적은 없다. 욥은 한때 자신이 잃어버린 것이 언젠가 두 배로 되돌아올 것이라는 희망을 강하게 품어야 한다. 욥은 체념하며 지금의 삶을 포기해서는 절대로 안 된다. 체념하는 사람은 모든 것이 덧없다며 지레짐작한다. 현재 개인으로서 살아가는 것을 포기한다면 완전한 행복을 갈구해보아야 무슨 소용이 있겠는가. 아이를 땅에 묻은 어머니도 아이가 여전히 살아 있다고 있는 힘껏 믿어야 한다. 체념한 사람은 이런 말을 들려줄 것이다. "이 세상, 죽은 아이로 묶여 있는 사슬에서 벗어나요. 하늘서는 부모도, 아이도 없을 테니까요." 스토아학파라면 이런 말을 들려줄 것이다. "아이를 잃었다고 생각하지 말고 돌려주었다고 생각해보세요. 아이는 원래 어머니의 것이 아니었잖아요." 그렇다면 신자는 어떤 말을 들려줄까? "기운 내세요. 아이는 죽지 않았어요. 죽음이 승리한 것은 아니에요. 아이는 돌아올 겁니다." 아무리 박식한 철학 이론도 이보다 더 나은 위로는 해주지 못할 것이다. 그렇기 때문에 종교 생활은 앞으로도 오랫동안 우리의 삶을 제대로 생각하는 데 지침이 되는 유일한 영역으로 남아 있을 것이다.

짚고 넘어가기

1   믿는 연습을 해보자. 신앙으로 향하는 첫걸음이며 동시에 다른 타인을 사랑하는 데 도움이 되는 방식이다. 누군가를 믿는다는 것은 그 사람이 이러저런 것을 해줄 것이라고 기대하며 의지하는 것이 아니라 그가 그렇게 할 것이라고 희망을 품는 것이다. 아이를 믿는 어머니는 무조건 믿는다. 아내를 믿는 남편도 맹목적으로 아내를 믿을 것이다. 간단히 말해 이것이 믿음이다. '믿을 만한' 사람에게는 돈을 빌려준다면 이는 더 이상 믿음이 아니라 계산적인 투자다. 우선 사람을 믿을 마음이 먼저다. 그렇지 않으면 그 누구도 여러분에게 믿을 만한 사람은 아닐 것이다. 부모가 이것저것 허락하면서 반드시 이렇게 하라고 엄격하게 조건을 달면 아이는 믿음직한 모습을 보여주려고 하지 않는다. 끝없이 아내를 의심하면 애정이 넘치는 남자가 아니라 사랑하는 상대를 소유물로 생각해 마음대로 하고 싶은 질투 많은 남자일 뿐이다.

2 용기를 내어 기대를 가져보자. 기대는 희망이 아니다. 무
언가가 일어날 수 있다고 생각하는 타당한 이유가 있을
때 희망이라고 한다. 반대로 더 이상 희망이 없을 때 기대
를 한다. 우리 삶에서 기대는 대단히 중요하지만 과소평
가하는 경향이 있다. 의외로 최고의 결과물이 나올 때는
가능성이 있을 때가 아니라 가능성이 없을 때다. 다른 사
람들의 생각에 휩쓸리지 않고 홀로 꿋꿋이 밀고 나가는
사람은 모두가 불가능하다고 하는 것도 해볼 수 있다고
생각한다. 이때 그가 가진 것은 믿음이다. 믿음만이 산을
옮길 수 있다!

3 노력으로 얻은 것이 있다면 그것이 무엇인지 전부 생각해
보자. 현재 그것을 갖고 있다고 하자. 사랑하는 아이의 가
치가 더 빛날 때가 있다. 아이를 비싼 돈을 주고 차지한 소
유물이 아니라 주어진 선물로 바라볼 때가 그렇다. 태어
난 모든 아이는 기적이 아닐까? 사랑하는 사람을 정복한

대상으로 보면 가치는 사라지고 만다. 하지만 생각하지도 못하게 얻은 귀한 선물로 바라본다면 달라진다. 직업적으로 성공을 거둔 것은 열심히 노력한 덕분일 것이다. 다른 사람들도 노력했겠지만 여러분과 똑같이 성공을 거두지 못했을 수 있다. 그러니 겸손해지자. 그리고 신의 섭리로 누리게 된 고마운 행운으로 생각하자.

후대에 전해진 작품과 비교하면 키에르케고르의 생애는 평범한 나머지 실망스럽다는 평가를 종종 받는다. 인간의 삶을 바라보는 남다른 탁월함은 그의 글을 통해 엿볼 수 있다. 생각한 대로 살고 경험한 것을 전부 생각으로 승화시킨 철학자들은 흔하지 않은데 키에르케고르는 이러한 철학자에 속한다. 1813년 5월 5일 덴마크 코펜하겐의 유복한 가정에서 태어나 42년 후인 1855년 11월 11일 어느 병원에서 초라한 죽음을 맞이한 키에르케고르. 철학자로서 그가 걸어온 길을 이해하려면 그의 생애를 살펴보아야 한다.

키에르케고르는 일인칭 시점에서 들려줄 수 있는 주제만을 글로 다루었다. 먼저 실수와 죄의식이라는 무거운 감정. 아버지 미카엘 키에르케고르에게서 물려받은 무거운 감정이다. 부유한 무역상이자 독실한 기독교 신자였던 미카엘은 어릴 때 유틀란트에서 목동 일을 하며 매우 힘든 시절을 보냈다. 괴로움이 극에 달했던 어느 날, 미카엘은 신에게 저주를 퍼부었다. 그는 이때의 기억을 죽을 때까지 간직하며 괴로워했다. 미카엘은 언제나 마음에 걸리던 이 죄책감을 가장 좋아하는 늦둥이이자 막내아들인 키에르케고르에게 들려주었다. 일곱 형제 중 막내였던 키에르케고르는 이후 형제들이 잇달아 세상을 떠나자 큰 충격을 받게 되었다. 미카엘이 퍼부은 저주의 말에 분노한 신이 내린 끝없는 벌이었을까? 실제로 일곱 형제 중 단 두 명만이 살아남았다. 키에르케고르는 우울증이라는 익숙한 주제를 글에서 다루었다. 키에르케고르는 평생 심각한 우울증과 싸우게 된다. 병원을 들락날락거렸으나 우울증은 끝끝내 치료하지 못하게 된다.

키에르케고르는 1830년 고등학교 졸업 후 대학교에 입학해 신학 수업을 들었다. 열일곱 살에서 스물여덟 살까지 유복한 학창 시절을 보내던 그는 댄디즘, 그리고 당시 코펜하겐을 휩쓸던 반순응적 낭만주의에 심취했다. 이 시기부터 그는 인생의 미학적 관점을 깊이 탐구하기 시작해 평생 이것을 연구했다. 1838년 8월 9일 아버지의 죽음으로 풍요로운 시절도 갑자기 막을 내리게 되었다. 그로부터 3년 후, 신학 박사논문을 끝내고 돈을 벌기로 하지만 결혼은 절대 하지 않았다. 실제로 키에르케고르는 무슨 일인지 매번 약혼을 깼다. 그와 약혼했던 레기세 울센Régine Olsen은 나중에 다른 남자의 아내가 되었다. 남편으로서의 역할에 자신이 없었고 한 여자에게 정착하지 못하는 성격이라는 것을 분명히 알게 된 그는 사랑과 윤리적인 맹세에 대한 철학적인 생각을 끝없이 키워갔다. 끝내 결혼은 하지 않았지만 그에게 첫사랑이자 유일한 사랑이었던 여인 울센에게 죽은 후 전 재산을 물려주었다. 그가 그녀에게 남긴 유언장은 그의 생각이 분명히 드러나 있다. "약혼은 예나 지금이나 결혼과 똑같은 효력을 지니고 있다고 생각한다. 그녀는 아내와 마찬가지이니 유산을 남긴다."

모든 맹세에서 벗어나 평생 후손 없이 독신으로 살기로 한 키에르케고르는 삶의 마지막 여정을 준비하기 시작했다. 1841년에서 1855년까지 아버지로부터 물려받은 유산을 집필 활동에 썼다. 방대한 저서가 탄생하기까지 14년 정도가 걸렸다. 이 책을 위해 키에르케고르는 매일 모든 열정을 태워가며 집필했고, 그 결과 어느 날 1855년 10월 2일 결국 길에서 쓰러지고 말았다. 이 책은 열정을 불사르며 쓴 일생일대의 저서다. 키에르케고르가 유일하게 모든 것을 희생하면서 쓴 역작이라 할 수 있다. 오늘날 많은 심리학자들에게 키에르케고르는 우울증 환자의 교과서적인 모델이다. 자신의 삶에서 끝없이 생각을 키워간 그의 인생이 저서에 고스란히 남아 있기 때문이다. 예를 들면, 키에르케고르가 절망에 관해 쓴 글은 그가 앓고 있던 심각한 우울증 때문에 나올 수 있었다는 것이다. 하지만 키에르케고르의 생애를 이런 방식으로 평가해서는 안 된다. 키에르케고르가 위대한 이유는 살면서 경험한 소소한 경험들을 우리 인간 모두에 관련된 실존의 비극으로 승화시켰기 때문이다. 그는 개인적인 고통 속에서 인간의 실존적 비극을 포착할 줄 알았다. 그가 나름 고통을 견뎌가는 방식이었다. 자신의 약점과 선택을 포함해 자기 자신을 인류의 패러다임으로 삼으며 실존주의 철학자의 모습을 실천했다.

키에르케고르가 후대에 끼친 영향은 묘하다. 우선, 키에르케고르는 여전히 모든 실존주의 철학을 대표하는 인물로 남아 있다. 실제로 많은 철학자들이 실존주의 철학은 키에르케고르에게 빚을 지고 있다고 말한다. 카를 야스퍼스, 장 폴 사르트르, 마르틴 하이데거, 폴 리쾨르가 대표적이다. 그런데 칸트학파, 니체학파, 하이데거학파와 달리 키에르케고르학파를 내세우는 철학자는 없다. 비유하자면, 키에르케고르는 사촌들은 많았으나 정작 그의 유산을 직접 물려받은 사촌은 한 명도 없는 것과 같다. 왜 그럴까? 키에르케고르는 평범한 철학자가 아니었고 그럴 마음도 없었다. 파스칼과 비슷하다. 파스칼과 같은 이유로 키에르케고르도 철학의 이성을 상당히 불신한 나머지 독특한 철학자로 남았다. 너무나도 종교적이고 실천적이었으며 분노와 열정이 지나치게 넘쳤던 그였다.

키에르케고르의 저서

키에르케고르는 많은 저서를 남겼다. 폴 앙리 티소와 그의 딸이 정리한 오랑트 출판사의 판본을 기준으로 하면 키에르케고르의 저서는 20권이 훌쩍 넘는다. 키에르케고르가 발표한 다수의 설교집과 그가 평생 쓴 『일기』 외에도 순수철학적인 글 여러 편이 있다.

Ou bien... Ou bien..., Gallimard, 1943(국역본: 『이것이냐 저것이냐』, 임춘갑 옮김, 치우, 2012).

'대안 L'Alternative'이라는 제목으로 번역될 때도 있다. 키에르케고르의 대표 저서로 종교에 대한 문제는 많이 다루고 있지 않지만 인생의 미학적 개념(특히 그 유명한 '유혹자의 일기 Journal du sé-

^{ducteur'})과 사랑 문제에 초점을 맞춘 윤리적 개념을 대비시킨다.

Crainte et tremblement, Rivages, 2000(국역본: 『두려움과 떨림』, 임규
정 옮김, 지만지, 2014)
이삭을 제물로 바친 아브라함에 관한 장편의 뛰어난 명상집. 신
앙을 주제로 한 서정성 넘치는 아름다운 작품.

La Reprise, Flammarion, 1990(국역본: 『반복/현대의 비판』, 임춘갑 옮김,
치우, 2011).
누구나 쉽게 이해할 수 있는 책으로 시대를 통틀어 맹세와 지조
라는 중요한 문제를 다루고 있다. 사랑에서 상대방에게 지조를
지키는 방법, 신앙에서 신에서 충실한 방법, 자신에게 충실한
방법을 다룬다.

Les Miettes philosophiques, Gallimard, 1990(국역본: 『철학적 조각들』,
황필호 편역, 집문당, 1998)
'기독교 신자가 되는 일'과 관련된 문제를 깊이 있게 다루는 명
상집. 스승과 제자의 관계에 관한 놀라운 고찰을 담고 있어서
교육가라면 흥미를 가질 수 있다.

Le Concept d'angoisse, Gallimard, 1990(국역본: 『불안의 개념』, 임규정 옮김, 한길사, 1999).

탄탄한 구성이 무엇보다도 돋보이는 것이 특징인 응용신학 에세이다. 불안, 걱정과 같은 일상의 심리 문제를 세밀하게 이해하려면 종교 분야를 어떻게 활용할 수 있는지 완벽한 논리를 통해 설명한다.

*Étapes sur le chemin de la vie*인생길의 단계, Gallimard, 1948.
『이것이냐 저것이냐』에서 시작한 논쟁을 이어가며 종교적 의식을 다양한 각도에서 다룬다.

*Post-scriptum aux Miettes philosophiques*철학적 단편에 붙이는 비문학적 해설문, Gallimard, 1949.
키에르케고르의 사상을 최고로 집대성한 작품으로 꽤 난해하다. 특히 익명의 사상과 존재의 망각에 대한 설명이 여러 페이지에 걸쳐 길게 이루어져 있다.

La Maladie à la mort. Traité du désespoir, Gallimard, 1990(국역본: 『죽음에 이르는 병』, 임규정 옮김, 한길사, 2007)
죽음에 대해 다룬 최고의 걸작. 『불안의 개념』과 마찬가지로

『죽음에 이르는 병』도 심리에 적용할 수 있는 뛰어난 응용신학론이다. 『절망한 날엔 키에르케고르』의 1부 내용은 대부분 이 책을 참고했다.

기타 참고 도서

『문학보고서Un compte rendu littéraire』, in *Œuvres complètes*, Éditions de l'Orante, 1979.

『작품해설집Point de vue explicatif de mon œuvre』, in *Œuvres complètes*, Éditions de l'Orante, 1979.

비평서

조르주 귀스도르프Georges Gusdorf, 『키에르케고르Kierkegaard』, Seghers, 1963(2011년에 재출간, CNRS éditions).
키에르케고르의 생애를 다룬 비평서로, 쉽게 읽을 수 있는 단편 형식으로 되어 있다.

올리비에 콜리Olivier Cauly, 『키에르케고르Kierkegaard』, PUF, 1996.

인생의 세 단계(미학적 단계, 윤리적 단계, 종교적 단계)에 관해 명확하고 체계적으로 소개한다.

프랑스 파라고France Farago, 『키에르케고르를 이해하다Comprendre Kierkegaard』, Armand Colin, 2005.

키에르케고르의 사상을 이해하기 위한 입문서. 학술적이고 중립적이기보다는 적극적인 해석이 이루어지는 것이 장점이다.

레옹 체스토프Léon Chestov, 『키에르케고르와 실존주의 철학Kierkegaard et la philosophie existentielle』, Vrin, 1972.

단순히 키에르케고르에 대해 다루는 것으로 그치지 않고 키에르케고르의 사상 체계도 다루고 있다. 저자는 키에르케고르의 종교적인 관점을 토대로 분석한다. 키에르케고르에 관한 최고의 입문서라고 할 수 있다.

요즘 서점을 가보면 한국 사회가 힐링, 자존감 높이기 열풍이라는 사실을 보여주는 듯 관련 국내외 도서들이 봇물을 이루고 있다. 실제로 한국 사회는 성장 동력을 잃고 일본이 먼저 겪었던 장기 불황의 늪으로 빠지고 있으며, 2030세대는 대졸 비율에 비해 양질의 일자리가 적어 치열하게 경쟁해도 번듯한 직장에 들어가기 힘들고, 중년층과 노년층은 불안한 미래 때문에 제2의 인생이다 뭐다 하면서 죽기 직전까지 경쟁의 루트에서 벗어나지 못한다. 여기에 한국 사회는 타인의 시선을 의식하고 늘 비교를 통해 상대적 박탈감을 느끼고 자존감 하락을 경험하는 사람들이 많다. 이런 한국 사회에 우울증과 자살이 높아지는 것은 당연하다.

『절망한 날엔 키에르케고르』는 이러한 요즘 시기에 읽어야 할 적절한 대중 철학서다. 키에르케고르는 『죽음에 이르는 병』

으로 한국에서도 인지도가 높은 덴마크 출신의 철학자다. '철학'하면 머리 아프고 현실과 동떨어진 분야라 생각해 읽기도 전에 거부감을 느끼는 독자가 꽤 될 것이다. 나 역시 이러한 독자에서 자유롭다고 할 수 없다. 하지만 『절망한 날엔 키에르케고르』는 원서를 검토하면서 그동안 내가 생각한 어렵고 난해한 철학서가 아니라 자본주의 현대사회를 살아가는 사람이라면, 현재 상황에 절망하거나 자존감을 회복하고 싶은 사람이라면 공감하면서 읽을 수 있는 실용적인 철학서라는 사실을 알고 번역을 맡기로 결심했다. 난해한 서양철학에 약간 알레르기가 있는 나도 부담 없이 읽을 수 있는 책이니 이 책을 읽는 독자분들은 더욱 부담 없이 읽을 수 있을 것이다.

우울증과 자살은 한국 사회만의 문제는 아니다. 책의 도입부에서 소개된 대로 세계보건기구의 최근 보고서에 따르면, 유럽인 25퍼센트도 매년 우울증이나 불안증을 앓고 있으며, 만성질병으로 신청한 병가의 50퍼센트가 우울증이나 불안증 때문이다. 현대인은 과거 시대를 살았던 사람들보다 개인 자유와 편안한 인프라를 더 많이 누리고 있는데 왜 더 절망할까? 이 책은 절망이 문제라고 보기보다는 절망이 부정적이기만 한 감정인가라고 반문하며 왜 절망하는지 근본적으로 따져보자고 한다.

우리는 흔히 취업이 안 되거나 외모 콤플렉스가 있거나 병에 걸렸거나 실연을 당하거나 하는 등 여러 부정적인 상황으로 절망한다. 물론 결코 기분 좋은 상황들은 아니다. 하지만 절망하는 사람들을 보면 잘 안 풀리는 한 가지에 집착하며 자신을 비하하는 일이 많다. 같은 사람이라도 여러 장단점이 뒤섞여 있는데, 자신이 특히 남다른 가치를 부여하는 것이 만족스럽지 못할 때 절망한다. 예를 들어, 대기업에 입사해 능력을 인정받는 사회인이 되는 것이 최대 목표인 사람은 이 목표가 이루어지지 않으면 극도로 절망하며 자신을 "능력 없는 인간"이라고 일반화해 비하할 수 있다. 저자가 지적하는 대로, 특정 단점 하나에 절망하는 것이 아니라 스스로 부족하다고 생각하는 나 자신 때문에 절망하는 셈이다. 키에르케고르는 절망에는 두 가지 형태가 있다고 했다. 하나는 진정한 나 자신이 되고 싶으나 되지 못해 느끼는 절망이고, 또 하나는 지금의 내 모습에서 벗어나고 싶어서 느끼는 절망이다. 후자는 혐오스러운 자아에서 벗어나려는 자살에 이를 수 있기에 더 위험한 절망이다.

키에르케고르는 인간이 절망을 느끼는 것은 비정상이 아니고 오히려 실존적인 고민을 보여주는 것이라고 했다. 자신을 아는 사람이 자신을 되돌아보는 고통스러운 작업을 하기에 절망도 할 줄 안다. 키에르케고르의 철학을 분석한 이 책을 읽다 보면 우리가 얼마나 현대 소비사회에서 미디어를 통해 세뇌된 가치 때문에 '가짜' 절망감에 빠져 있는지 깨닫게 된다.

　SNS에서 보이는 타인의 행복해 보이는 삶을 엿보면서, 좋은 직장에 취직한 지인들을 보면서, 상대적 박탈감을 느끼고 나아가 절망을 느낀다고 사람들이 많아지고 있다. 왜 그런가? 키에르케고르는 '속물'을 비판한다. 키에르케고르가 말한 속물은 이상이라는 나침반 없이 현재 시스템에 순응하면서 살아가려는 사람이다. 속물은 땅에 발을 내딛고 사는 데 만족할 뿐 '이상'이라는 별을 바라보지 않기에 세상을 있는 그대로 따라가는 데만 관심 있을 뿐 시대의 경고를 인식하고 피하는 데 도움을 주는 내면의 자원이 없기에 그저 '남들이 하는 만큼'만 한다. 요즘 많이 등장하는 용어 '소확행'도 소소한 소비와 교묘히 연결하는 광고 마케팅으로 활용된다. 혹시 많은 현대인들이 상대적 박탈감을 느끼며 절망하는 이유가 미디어, 소비사회가 은연중에 정해놓은 '획일적인 표준적인 삶(좋은 직장, 높은 연봉, 화려한 쇼핑, 언제든 떠나는 해외여행, 멋진 카페나 레스토랑에서 보내는 여유 등)'에 미치지 못해서인가? 키에르케고르가 '도덕'을 강조하는 이유는 고리타분하거나 독선적인 인간이 되라는 뜻이 아니다. 실제로 도덕은 자신이 지닌 차이점을 활용해 공동생활에 좋게 기여하라고, 동시에 자신이 남다른 면을 가졌다고 우월감에 젖지 말라고 가르친다. 개인의 개성을 남과 구별 짓는 도구로 교묘히 활용하는 현대 소비사회를 사는 우리가 한 번쯤 생각해보면 좋을 말이다.

요즘 사는 것이 절망스러운가? 그렇다면 키에르케고르의 철학을 읽어보면 어떨까? 철학에 대한 편견도 사라지고 근본적인 해답을 각자 찾을 수 있을지도 모른다.

2018년 9월

이주영

절망한 날엔 키에르케고르
© 다미앵 클레르제-귀르노, 2018

초판 1쇄 발행일 2018년 10월 12일
초판 2쇄 발행일 2019년 12월 17일

지은이   다미앵 클레르제-귀르노
옮긴이   이주영
펴낸이   정은영
편집   임채혁
마케팅   이재욱 최금순 한지혜 김하은
제작   홍동근

펴낸곳   (주)자음과모음
출판등록 2001년 11월 28일 제2001-000259호
주소   04047 서울시 마포구 양화로6길 49
전화   편집부 (02)324-2347, 경영지원부 (02)325-6047
팩스   편집부 (02)324-2348, 경영지원부 (02)2648-1311
이메일   inmun@jamobook.com

ISBN 978-89-544-3911-4 (04160)
     978-89-544-3869-8 (set)

이 도서의 국립중앙도서관 출판시도서목록(CIP)은 서지정보유통지원시스템 홈페이지
(http://seoji.nl.go.kr)와 국가자료공동목록시스템(http://www.nl.go.kr/kolisnet)에서
이용하실 수 있습니다.(CIP제어번호: CIP2018028812)